초·중·고·일반인의 독서능력 개발에서 논술까지 전과목을 완성하는

정속독
응용학습 3단계

유병진 저

사단법인 한국능력개발원 한국정속독연구회

▶ 책머리에 ◀

21세기는 정보화 사회다. 가까운 미래에 인간 지능은 물론 감정까지도 표현할 수 있는 컴퓨터가 출현할 것으로 본다.

우리가 이렇게 상상할 수 있는 것은 실제 생활로 이끌어지는 21세기의 우리는 지금보다 상당히 빠른 변화 속에서 수많은 정보를 접하지 않을 수 없다.

홍수처럼 몰려오는 정보를 우리는 어떻게 습득, 이해, 기억하여야 하는가?

21세기의 변화무쌍한 정보를 습득하고, 이해하고, 활용하기 위해서는 많은 정보를 처리하는 능력을 배양하는 길뿐이다.

그 길을 우리가 가려면 정속독(정독 + 속독)을 익혀야 할 필요가 절대적이라고 생각한다. 그래서 저자는 정보를 습득, 기억, 활용할 수 있도록 정속독법을 개발하여 여러분들이 직접 활용할 수 있도록 연구하여 분배하려고 한다.

많은 사람들이 이 방법을 습득하여 21세기에 대처하고 앞서가는 인재가 되고, 자신이 원하는 모든 정보를 습득하여 여러분의 필요(학습, 사업, 연구 등)에 따라 활용할 수 있는 밑거름이 될 것을 확신한다.

또한 훈련서 1, 2권을 연습하면서 정속독 완성을 위해 매일 독서를 한 후에 지문 기억 및 이해도 측정을 하여 발전능력을 확인하여 학생 스스로 자신감을 가질 수 있도록 이 책을 활용하기 바란다.

차 례

책머리에	2
차례	3
제 1 장 - 독서훈련	
이상한 중매인	6
스님과 농부의 소내기	11
할미꽃	17
여우작전	24
은혜갚은 까치	32
너를 보았어, 목욕탕에서	39
봉이 김선달	47
마지막 수업	56
크리스마스 선물	64
마지막 잎새	72
거인과 꼬마	81
공주의 입을 열게 한 청년	90

제 2 장 - 교과서 적용 훈련	
<국어>	
동시의 이해	102
말의 힘	109
마지막 줄타기	115
<사회>	
대한민국 정부 수립	120
변화하는 대한민국	125
경제개발 5개년 계획과 새마을운동	130
서울 올림픽 대회	135
<실과>	
콩밥 짓기	140
십자매 기르기	145
쌀밥 짓기	150
<도덕>	
나의 삶, 나의 일	155
법을 지키려는 마음	160
통일을 이루기 위한 노력	165
공정한 절차	170
<과학>	
지진 현상	175
전류과 자기장	177
산소	182
이산화탄소	188
연소	191
에너지의 변환	195
여러 가지 에너지	197

제 1 장 독서 훈련

독서 훈련 과정은 지문기억도 및 이해도를 향상시키는 과정으로서 정속독 교육 1개월 후부터 매시간 마지막 5분 동안에 읽고 검사하는 과정입니다.

각 학년별로 읽어야 할 책을 정선하여 그 중에 좋은 부분만을 압축하여 책에 실었습니다. 처음에는 3독 후 지문기억 및 이해도 검사를 하고 다음에는 2독 또는 1독 후 검사를 합니다. 독서 이해도 능력이 70%를 못 미치는 학생은 1독 또는 2독을 더 읽고 다시 검사를 합니다.

당신은 어떤 그림을 완성할 수 있나요?

아래의 네모상자 안에 있는 선과 점 등의 도형 형태를 사용하여 각각의 테두리 안에 그림을 자유롭게 그려봅니다. 물론 그림 솜씨를 보기 위한 것이 아니기 때문에 마음을 편안히 가지고 여러분의 상상력을 펼쳐보세요

(제한시간 10분)

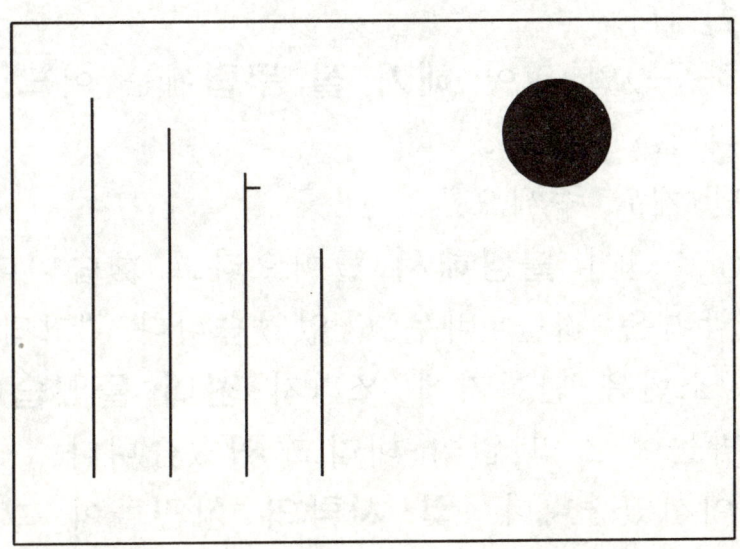

이상한 중매인

어떤 **지혜로운 랍비**가 한 소년을 자기 집에 데리고 있었습니다. 어느 눈 오는 날, 랍비가 **소년**에게 말했습니다. "이제는 그만 **집을 나가 다오.**" 소년은 너무 뜻밖이어서 깜짝 놀랐습니다. "선생님, 이렇게 추운 날 어디로 간단 말입니까? 저에게 잘못이 있다면 용서해 주세요." 그 집에 있는 다른 사람들도 모두 소년의 용서를 빌었습니다. 랍비는 더 엄격하게 말했습니다. "용서? 네가 하는 일은 모두 마음에 안 든다. 어서 나가거라. 우리마을에서 완전히 떠나야 한다." 소년이 아무리 울면서 빌어도 랍비는 마음을 돌리지 않았습니다. 소년은 할 수 없이 눈 내리는 밖으로 나왔습니다.

소년은 하루종일 걸어 **해가 질 무렵**에는 어느 **여관** 앞까지 왔습니다.

"하룻밤만 재워 주세요."

안주인은 소년이 **불쌍해서** 들어오라고 했습니다. 그 때 집주인인 남편은 집을 비우고 없었습니다. "고맙습니다." 너무 지친 소년은 난롯가에 쓰러져 **잠이 들었습니다**. 창 밖에선 함박눈이 소리 없이 내리고 있었습니다.

밤이 깊어서였습니다. **몇 사람의 상인**들이 그 여관을 찾아들었습니다. 그들은 여관의 안주인을 깨워 식사를 부탁했습니다.

식사가 준비되자 그들은 즐겁게 이야기하며 음식을 먹

었습니다. 그 상인들은 모두 돈 많은 부자들이었습니다. 맛있게 식사를 하고 기분이 좋아진 상인들은 뭐 **재미있는 일**이 없을까 하고 이 궁리 저 궁리를 하며 여기저기 둘러보았습니다. 그러다가 그들은 난롯가에서 지쳐 잠들어 있는 소년을 보았습니다.

그들은 잠들어 있는 소년을 흔들어 깨워 음식을 먹도록 했습니다.

안주인은 음식을 많이 팔게 되어 기분이 좋았습니다.

상인들은 안주인에게 자녀를 몇이나 두었느냐고 물었고, 안주인은 딸 하나만을 키운다며 딸을 불러 소개했습니다.

한 상인이 빙그레 웃으며 딸에게 말했습니다. "귀엽고 얌전한 아가씨로군요. 저 소년은 참 착하게 생겼는데 신랑으로 맞이할 생각은 없소? 만일 아가씨가 좋다면 지금 곧 식을 올릴 수 있도록 하겠소."

"네!"

딸은 갑자기 당하는 일이라 어리둥절한 얼굴로 어머니를 쳐다보았습니다. 어머니는 돈 많은 상인들을 조금이라도 더 붙잡아 두어야 돈을 더 많이 벌 수 있겠다 싶어, "모두 장난이란다. 손님들이 원하는 대로 식을 올리는 게 어떻겠니?" 하고 말했습니다.

그리하여 소년과 여관집 딸은 **결혼식**을 올리게 되었습니다. 결혼식은 진짜와 똑같이 진행되었습니다. 모두 순서에 따라 신부를 축복했습니다. 결혼식이 끝나고 상인들은 결혼에 든 비용을 모두 지불하고 떠났습니다.

조금 있으니까 그 집주인인 남편이 돌아왔습니다. 안주

인은 남편에게 오늘 있었던 일을 모두 이야기했습니다.
"뭐라고? 그래, 돈을 조금이라도 더 벌려고 **가짜 결혼식**을 올렸단 말이야?" 집주인은 몹시 화를 내었습니다. "아무리 돈도 좋지만 그런 법이 어디 있소?" 집주인은 소년을 불러다 이것저것 물어 보았습니다. 소년은 아무 잘못 없이 랍비에게 쫓겨난 이야기도 했습니다.

다음날 아침, 여관집 주인은 소년을 마차에 태우고 랍비가 사는 집으로 갔습니다. 두 사람이 랍비의 집에 도착하자 랍비가 문을 열고 나오며 소리쳤습니다. **"축하합니다, 축하합니다!"** 두 사람이 집 안으로 들어가자 랍비가 말했습니다. "나는 이미 알고 있었습니다. 두 사람의 결혼은 태어났을 때 이미 **정해져 있었던 일**입니다. 나는 그걸 알고 있었습니다. 그러나 이 일이 이렇게 이루어질 줄은 나도 전혀 몰랐습니다. **하느님**만이 알고 계셨지요. 만약 하느님이 이런 방법으로 처리하지 않고 내가 이 소년을 데리고 가서 어르신 딸과 결혼시키려 했다면 어르신께서는 허락하지 않았을 겁니다. 그래서 나는 이 젊은이를 내쫓았습니다. 일은 참 잘 되었습니다. 이 소년은 이제 어르신의 사위입니다. 이제 아시겠습니까? 결혼식을 올려준 상인들이 누구였는지? 그 상인들은 틀림없이 **하느님께서 보내신 사람**들일 것입니다."

(1328자)

소요시간	1독		2독		3독	
	분	초	분	초	분	초

지문 기억 및 이해도 측정문제(이상한 중매인)

1. 랍비'가 소년을 나가라고 한 이유는 무엇일까요?
   ① 소년이 하는 일마다 마음에 들지 않았다.
   ② 소년이 하는 일 없이 밥을 많이 먹는다.
   ③ 소년을 결혼시키기 위해서다.
   ④ 날이 추운 겨울이기 때문이다.
   ⑤ 미운 짓만 하기 때문이다.

2. 소년이 어느 여관 앞에 도착한 때는 언제쯤인가요?
   ① 아침
   ② 점심
   ③ 해 질 무렵
   ④ 자정쯤
   ⑤ 새벽

3. 여관의 안주인이 소년을 재워주기로 한 이유는 무엇일까요?
   ① 씩씩해서.
   ② 잘생겼기 때문
   ③ 사위를 삼으려고.
   ④ 불쌍해서
   ⑤ 눈이 오기 때문

4. 여관집 주인은 자녀가 몇 명이었습니까?
   ① 딸 하나
   ② 딸 둘
   ③ 딸 하나 아들 하나
   ④ 아들 하나
   ⑤ 아들 둘

5. 결혼식이 끝나고 상인들은 결혼에 든 비용을 어떻게 했습니까?

6. 여관집 주인은 소년을 태우고 어디로 갔습니까?
   ① 상인들의 집
   ② 랍비의 집
   ③ 소년과 자기 딸이 살 집
   ④ 궁궐
   ⑤ 시장

7. 여관집 주인과 소년이 왔을 때 랍비가 처음한 말을 쓰세요

8. '랍비'는 결혼식을 올려준 상인들이 누가 보낸 사람들이라고 하였습니까?

9. 여관의 안주인은 자기 딸과 소년의 결혼식을 왜 허락했습니까?

10. 상인들이 여관에 처음 왔을 때 안주인에게 무엇을 부탁했습니까?

소요시간		1분당 읽은 글자수	이 해 도	1분당 독서능력
분	초			

스님과 농부의 소내기

옛날 한 스님이 동냥을 하며 길을 걷고 있었습니다. 그 날은 몹시 더워 스님은 땀을 뻘뻘 흘리며 걸었습니다.
"아이 덥다. 저 느티나무 그늘에서 좀 쉬어 가자."
스님이 쉬려고 하는 그 느티나무 그늘에는 마침 한 농부가 쉬고 있었습니다. 그 농부는 소에게 쟁기를 메어 논을 갈다가 덥기도 하고, 담배도 피울 겸해서 잠시 쉬던 참이었습니다.
농부가 스님에게 말을 걸었습니다.
"스님, 참 덥지요? 내가 논을 갈고 있기는 합니다만 비가 안 와서 큰일입니다. 모를 내야 할 텐데 말입니다."
그러자 스님은 자기가 입고 있던 옷을 여기저기 만져보면서
"너무 걱정 마세요. 오늘 중에 비가 내릴 테니까요." 하고 자신 있게 말했습니다.
"에이 스님도. 그렇게 쉽게 올 비면 제가 걱정을 안 하지요. 날씨가 이렇게 좋은데 무슨 비가 온단 말입니까?"
"아니오 분명히 비가 올 거예요."
"에이 참. 비는 무슨 비랍니까?"
"비가 올 거라니까요."
"비가 올 거라고요? 스님, 우리 내기할까요?"
"내기를 하자고요?"

스님은 혼자 뭔가 생각하는 눈치더니

"좋습니다. 그렇지만 무얼 걸고 내기를 하지요?" 하고 적극적으로 나왔습니다.

"스님이 지게 되면, 그 바랑에 있는 쌀을 주십시오."

스님의 바랑에는 그 동안 시주받은 쌀이 꽤 많았습니다.

"그러지요. 그러나 만약 소승이 이기면 저 논에 있는 소를 주시겠소?"

"소요?"

농부는 놀라서 잠시 생각해 보았습니다. 소는 농사를 짓는 농부에게는 없어서는 안 될 큰 재산입니다.

'그렇지만 이렇게 맑은데 무슨 비가 오겠어.'

농부는 이렇게 생각하고

"좋습니다. 스님이 이기면 저 소를 드리지요. 그러나 내가 이기면 이 쌀을 꼭 주셔야 합니다." 하고 다짐했습니다.

"드리고 말고요."

이렇게 해서 농부는 다시 논으로 가서 논을 갈며 기다리고 스님은 느티나무 그늘에서 쉬며 기다렸습니다.

농부는 신이 났습니다.

'비가 온다고? 이제 해만 떨어지면 나는 횡재하는 거야. 저 쌀은 내 꺼라고.'

농부는 신이 나서 더 열심히 일을 했습니다.

그런데 이게 웬일입니까? 갑자기 하늘에서 천둥소리가 나고 시꺼먼 비구름이 뭉개뭉개 모여들었습니다.

'아니 이럴 수가!'

농부의 가슴은 '쿵!' 하고 무너졌습니다. 스님의 말대로 정말 굵은 비가 쏟아지기 시작했기 때문입니다.

농부는 비를 피하려고 소를 몰고 스님이 있는 느티나무 밑으로 왔습니다.

스님이 웃음이 가득한 얼굴로 농부를 맞았습니다.

"보세요. 제 말이 맞지요? 제가 이겼으니 그 소는 이제 제 것입니다."

"할 수 없지요. 내기에 졌으니 드려야지요. 그런데 스님, 스님은 비가 온다는 것을 어떻게 알았습니까?"

"간단하지요. 그건 제가 입고 있는 옷을 만져 보면 알 수 있답니다."

"예, 옷을 만져 보면 알 수 있다니요?"

"옷을 만져보고 축축하면 그건 비가 올 징조지요."

농부는 스님의 옷이 특별한 옷이라고 생각했습니다.

"스님, 그럼 스님의 이 옷이 도술을 부리는 건가요?"

"하하, 아닙니다. 우리처럼 돌아다니는 중들은 빨래를 자주 못 하니까, 늘 땀에 절어 있지요. 땀에는 원래 소금기가 있답니다. 그러니까 공기 중에 습기가 많으면 그 소금기가 젖어 축축해진 다오. 공기 속에 습기가 많으면 비가 쉬 오지요.

아까 내기를 할 때 내 옷을 만져 보니까, 옷이 몹시 축축했어요. 그래서 비가 올 줄 알았지요."

"그렇군요. 어쨌든 제가 졌으니 이제 이 소를 몰고 가세요. 이제는 스님의 소입니다."

"하하, 아닙니다. 고맙지만 사양하겠습니다. 우리 중들은 쓸 데 없는 욕심을 부리지 않지요. 그리고 소를 저에게 주시면 농사를 어떻게 지으려고 하십니까?"

"그래도 되겠습니까?"

"되다마다요. 자, 비가 그칩니다. 저는 갈 테니 이제 일을 하시지요."

비가 그치고 어느 새 하늘은 맑게 개었습니다.

"고맙습니다. 고맙습니다. 스님, 정말 고맙습니다."

농부는 스님을 향해 몇 번이나 절을 했습니다.

농부와 스님의 이런 내기가 있은 뒤로 사람들은 갑자기 내리다가 그친 비를 '소나기' 또는 '소내기'라고 부르게 되었다고 합니다.

(1316자)

소요시간	1독		2독		3독	
	분	초	분	초	분	초

지문 기억 및 이해도 측정문제(스님과 농부의 소내기)

1. 이 글에서 계절을 알 수 있는 어휘는 어느 것인가요?
   ① 동냥
   ② 땀을 뻘뻘 흘리다
   ③ 그늘
   ④ 모내기
   ⑤ 비

2. 스님은 무엇을 걸고 내기를 했습니까?
   ① 바랑
   ② 쌀
   ③ 승복
   ④ 절
   ⑤ 소

3. 스님은 무엇으로 비가 온다는 것을 알았나요?
   ① 먹구름
   ② 소 와 쟁기
   ③ 바람
   ④ 승복
   ⑤ 기도

4. 농부가 내기에서 자신이 이긴다고 장담한 이유는 무엇인가요?
   ① 스님의 옷이 축축해서
   ② 뭉게 구름만 있기 때문
   ③ 하늘이 맑기 때문
   ④ 날씨가 더워서
   ⑤ 소가 말을 잘 듣기 때문이다.

5. 갑자기 오는 비를 '소나기' 또는 '소내기' 라고 부르게 된 것은 언제부터인가요?
   ① 삼국시대
   ② 소와 말이 내기를 한 때부터
   ③ 스님과 농부가 내기를 한 때부터
   ④ 하느님이 만들었다.
   ⑤ 부처님과 예수님이 내기를 한 때부터

6. 내기를 하자고 먼저 말한 사람은 누구인가요?

7. 농부가 신이 나서 더 열심히 일한 이유는 무엇일까요?

8. 내기에서 진 농부는 소를 어떻게 하기로 했나요?

9. 내기에서 이긴 스님은 소를 어떻게 했습니까?

10. 스님, 소, 농부를 넣어서 훌륭한 문장을 만들어 보세요.

소요시간	1분당 읽은 글자수	이 해 도	1분당 독서능력
분 초			

할미꽃

　먼 옛날 어느 마을에 손녀 셋을 둔 할머니가 계셨습니다. 할머니는 부모 없는 손녀들을 정성껏 키웠습니다. 손녀들이 아름답게 자라 시집을 가는 사이에 할머니는 완전히 늙어 버렸고 살림은 가난할 대로 가난해져 버렸습니다.
　할머니의 머리는 하얗게 새고 등도 굽을 대로 굽었습니다. 이제는 도저히 할머니 혼자 살 수 없게 늙어 버렸어요.
　"할머니, 손녀들이 시집가서 다 잘 사는데 왜 이렇게 혼자 고생을 하세요. 손녀가 셋이나 있으니 손녀들을 찾아다니며 재미있게 사세요. 손녀들도 할머니의 은혜를 잊지 않고 잘 모실 텐데 왜 이러고 계세요."
　"그래요, 할머니. 손녀들을 찾아가서 편하게 지내세요."
　마을 사람들은 혼자 쓸쓸하게 지내는 할머니가 안돼 보여서 만날 때마다 권했습니다.
　어느 날 할머니는 맏손녀의 집을 찾아갔습니다.
　"어머, 할머니 어서 오셔요. 그렇지 않아도 보고 싶었어요."
　맏손녀는 처음에는 정성스레 할머니를 모셨으나 날이 갈수록 태도가 쌀쌀해졌습니다.
　'설마 돌아가실 때까지 우리 집에 계시려는 것은 아니겠지? 시부모님께도 눈치 보이고 남편도 싫어하는 것 같아.

할머니 때문에 내가 눈밖에 나면 어떻게 하지?'

맏손녀는 서서히 할머니를 구박하기 시작했습니다. 괜한 일에도 트집을 잡으며 잔소리를 늘어놓았습니다.

할머니는 하는 수 없이 집을 나왔습니다. 둘째 손녀의 집을 찾아갔습니다.

"할머니, 이게 뭐예요? 언니네서 잘 지내고 있는 줄 알았는데……. 아이 참, 오시려면 좀 깨끗하게 하고 오시지. 이 옷이 뭐예요? 창피하게."

둘째 손녀는 처음부터 눈살을 찌푸리며 할머니를 맞았습니다. 할머니는 둘째 손녀가 싫어하는 줄 알고 있었지만 꾹 참고 견디리라 생각했습니다. 둘째 손녀는 처음에는 눈살을 찌푸리며 맞았지만 할머니를 잘 모셨습니다.

'진작 이리로 올걸. 그래도 첫째보다 둘째가 낫구나. 여기서 오래 살았으면 좋겠다.'

할머니는 이렇게 생각하며 좋아했지만 그것은 할머니의 착각이었습니다. 할머니가 오래 머무를 것 같으니까, 둘째 손녀도 서서히 할머니를 미워하기 시작했습니다.

"아이, 할머니는 빨래도 하나 제대로 못 개세요?"

조그만 일에도 큰 소리로 윽박지르며 숨도 못 쉬게 하였습니다. 둘째 손녀의 구박은 점점 심해졌습니다.

'휴우, 이제는 둘째까지도 나를 싫어하는구나. 하긴 누가 나 같은 늙은이를 좋아하겠어. 거기다가 시집 식구들 눈치도 보일 테고. 둘째도 마음이야 안 그렇겠지. 이제 가야겠구나.'

할머니가 떠나시려하자 둘째 손녀는 할머니를 붙잡는 척하며 말했습니다.

"할머니, 어디로 가시게요? 잘 모시지도 못했는데 벌써 가시면 어떡해요. 앞으로는 잘 모시려고 했는데."

"고맙구나. 여기서만 오래 머무를 수 있겠니? 막내에게도 가봐야지. 그 동안 참 고마웠다. 잘 있거라."

둘째 손녀는 할머니를 더 이상 붙잡지 않았습니다. 칼날 같은 찬바람이 씽씽 부는 거리로 할머니는 나왔습니다. 지팡이에 몸을 의지했지만 바람에 날아갈 것만 같았습니다.

막내 손녀네 집으로 가는 길은 가파른 고갯길입니다. 그 길로 들어서자 갑자기 세찬 눈보라가 길을 막기 시작했습니다.

"막내야, 막내야!"

할머니는 막내 손녀의 모습을 생각하며 눈보라를 헤쳐 나갔습니다. 눈보라를 헤치고 겨우 언덕 위에 올라섰습니다. 이제 조금만 더 가면 막내네 집입니다. 그러나 할머니는 지칠 대로 지쳐 버렸습니다. 소리치면 막내 손녀가 마중을 나올 것만 같아 할머니는 가쁜 숨을 몰아쉬며 힘을 모았습니다.

"막내야! 막내야! 나다. 할미다."

그러나 할머니의 소리는 눈보라가 삼켜 버렸습니다.

"막내야, 막내야! 막내야……."

할머니의 소리는 점점 작아졌습니다. 추운데다가 허기까지 찾아와 할머니는 그만 눈길 위에 쓰러지고 말았습니다.

여전히 세찬 눈보라가 날렸습니다. 할머니는 눈 속에 묻히기 시작했습니다.

그 날 늦게서야 막내 손녀는 할머니가 자신의 집으로 가기 위해 길을 나섰다는 이야기를 들었습니다.

"이처럼 눈보라가 거세게 날리는 날 할머니 혼자 어쩌시려고……."

막내 손녀는 걱정이 되어 할머니를 마중 나갔습니다. 눈길에 미끄러지기를 여러 번, 막내 손녀는 마침내 할머니가 쓰러진 고갯마루에 닿았습니다.

"아니, 할머니!"

막내 손녀는 눈 속에 반쯤 묻혀 있는 할머니를 보았습니다.

"할머니! 이게 어떻게 된 일이에요? 할머니, 제발 정신 차리고 말 좀 해 보세요. 왜 이처럼 추운 날 길을 나섰나요?"

막내 손녀는 할머니를 부둥켜안고 소리쳤습니다. 그러나 할머니의 몸은 이미 싸늘하게 식은 뒤였습니다.

막내 손녀는 사람들의 도움을 받아 할머니를 양지바른 곳에 묻었습니다. 눈물을 쏟으며 할머니를 저 세상으로 떠나 보냈습니다.

겨울이 가고 봄이 돌아왔습니다. 할머니의 무덤을 찾아간 막내손녀는 무덤 위에 피어 있는 한 송이 꽃을 보았습니다. 그 꽃은 죽은 할머니처럼 허리가 굽은 꽃이었습니다.

그 후 해마다 봄이 되면 그 꽃이 피었습니다. 사람들은 서럽게 죽어 간 할머니의 넋이 꽃으로 피어났다고 이야기했습니다. 그리하여 사람들은 그 꽃을 '할미꽃'이라 부르기 시작했습니다.

(1728자)

소요시간	1독		2독		3독	
	분	초	분	초	분	초

지문 기억 및 이해도 측정문제 (할미꽃)

1. 할머니는 손녀딸을 몇 명 두었습니까?
   ① 한 명
   ② 두 명
   ③ 세 명
   ④ 네 명
   ⑤ 다섯 명

2. 혼자 사는 할머니께 손녀들 집에 돌아가며 재밌게 사시라고 권한 사람은?
   ① 첫째 딸
   ② 둘째 딸
   ③ 아버지
   ④ 마을사람
   ⑤ 가게 아줌마

3. 맏손녀는 처음에 할머니를 어떻게 모셨습니까?
   ① 정성스레 모셨다.
   ② 쌀쌀하게 모셨다.
   ③ 눈치를 보았다.
   ④ 잔소리를 늘어놓았다.
   ⑤ 구박했다.

4. 할머니가 떠난다고 했을 때 둘째 손녀는 어떻게 했나요?
   ① 빨리 가시라고 했다.
   ② 못 가게 잡는 척했다.
   ③ 가시지 말라고 끝까지 잡았다.
   ④ 등까지 밀면서 가시게 했다.

5. 할머니가 돌아가신 곳은 어디입니까?
   ① 고갯마루
   ② 둘째 손녀집
   ③ 막내 손녀집
   ④ 시장
   ⑤ 깊은 산 속

6. 할머니가 돌아가실 때의 날씨는 어떠했습니까?

7. 막내 손녀는 할머니의 무덤을 어디에 마련했습니까?

8. 할머니의 무덤에 핀 꽃을 무엇이라고 불렀습니까?

9. 할머니 무덤에 핀 꽃은 어느 계절에 피는 꽃인가요?

10. 할머니는 눈길에서 몇 번이나 넘어졌습니까?

소요시간	1분당 읽은 글자수	이 해 도	1분당 독서능력
분 초			

여우작전

나만큼 새 학년을 기다린 사람도 없을 것이다.
나의 5학년 생활은 선생님과 아이들의 눈총에 둘러싸여 참으로 피곤했었다.
"너 도대체 왜 그렇게 말썽을 피우고 다니니? 오늘도 선생님께 야단 맞았다며? 여자 깡패도 아니고 도대체 왜 그러니?"
마침내는 엄마까지 짜증을 내기에 이르렀다.
5학년에 올라가며 나는 이미 '여우'와 '여자 깡패'라는 별명을 꼬리표로 달고 있었다. 두 개의 별명처럼 나는 그런 아이였다. 선생님도 아이들도 나를 그렇게 취급했다. 그럴수록 나는 더욱 나빠졌다.
그러나 나도 사람이다. 새로운 아이가 되고 싶었다. 빨리 새학년이 되어 새로운 사람들과 만나고 싶었다. 모든 게 바뀌면 나도 달라지리라.
나는 지쳐 버렸다. 나도 새사람이 되고 싶었다.
새 학년은 설레임으로 시작되었다. 새 교실로 들어가기 전부터 나는 지훈이가 나와 같은 6학년 10반이라는 것을 알고 속으로 만세 삼창을 했다. 만세 삼창이 뭐냐고? 이런 맹추. 그것도 몰라? 사전을 찾아봐. 빨리.
양지훈. 내가 4학년 때부터 좋아하는 남자 친구다. 친구라는 말은 어쩜 잘못된 말인지도 모르겠다. 지훈이는 나를 친구로 생각 안 할지도 모르니까.
설레임으로 시작되었다고 했지만 그 설레임만큼 불안감도 있었다. 유지나 때문이었다.
'유지나도 같은 반이면 어쩌지?'
지훈이가 나랑 같은 반이란 것은 알아냈지만 지나가 몇 반인지는 개학날까지 모르고 있었다. 그렇게 수소문을 했는데도 지나에 대해 알고 있는 아이는 없었다.

　2년 전, 그러니까 4학년 때 지훈이, 나, 지나는 같은 반이었다. 나는 지훈이를 좋아했지만 지훈이는 나에게 눈길 한 번 주지 않았다. 지훈이는 지나만을 좋아했다.

　내 자존심을 팍 꺾어 놓은 유지나. 지나는 내가 가지고 싶어하는 별명을 모조리 가진 아이였다. 공주, 책벌레, 미스월드. '지나' 그 애가 뭐 그리 예쁘다고 야단인지. 아이들은 모두 '지나, 지나'하며 좋아했다. 다른 아이들이야 그렇다 치고 지훈이까지 나를 거들떠보지도 않고 '지나, 지나'하며 다니는 것은 정말 참을 수 없는 고통이었다.

　내가 아무리 애써도 지훈이가 흔들리지 않자 나는 지훈이를 괴롭히기 시작했다. 성질이 급해 무슨 일이 생기면 주먹부터 올라가는 지훈이. 그 애의 성질을 뒤집는 것은 식은 죽 먹기였다. 양지훈이는 '못생긴 양배추'라는 말만 들어도 발끈했다. 우리는 티격태격 전쟁을 치렀고, 나는 여우처럼 영리하게 슬그머니 패잔병이 되었다. 내가 울기 시작하면 지훈이는 더 신이 나서 나를 공격했다. 선생님이 들어오시면 더 슬프게 울었다. 책상 위에 온몸을 던지고 울었다.

　"둘 다 이리 나와. 너희들은 도대체 왜 그러니? 오늘만 해도 벌써 두 번째야."

　선생님은 짜증을 숨기지 않고 소리치시며 회초리를 찾아 드신다. 그러면 나는 비명을 지르며 더 슬프게 운다. 선생님도 어쩔 수 없이 또 소리치신다.

　"양지훈! 너 정말 이럴 거야?"

　매를 놓은 후, 우리가 자리에 들어가 앉은 다음에 선생님은 지훈이에게 또 소리치신다. 한심하다고, 제발 여자아이들 좀 괴롭히지 말라고.

나는 선생님에게만 지훈이를 맡기지 않고 우리 집 식구들을 다 동원해서 괴롭혔다. 우리 할머니가 학교에 나타난 날, 지훈이는 어쩔 줄을 몰라 하며 쩔쩔매었다. 어느 새 우리는 원수가 되고 말았다. 내 마음은 거칠 대로 거칠어져 '여자 깡패'라는 별명이 어느 새 붙어 다녔다. '여우'라는 별명까지… …. 내 마음은 그게 아닌데, 아이들은 내가 정말로 지훈이를 미워하는 줄 알았다.

그 지긋지긋한 4학년이 끝났을 때, 우리 때문에 치를 떠셨던 선생님은 지훈이와 나를 다른 반으로 떼어놓으시고 전근 가셨다. 아, 그러나 지훈이와 지나는 같은 반이었다. 나는 입술을 깨물며 지훈이 그림자를 찾아다녔다. 지훈이는 드러내 놓고 나를 피했다.

그런데 그 지훈이랑 내가 같은 반이 된 것이다. 솔직히 말해서 작년 한 해 동안도 나는 지훈이만을 생각했다. 그의 집으로 전화도 여러 차례 했다. 그러나 쌀쌀한 그의 엄마. 그의 엄마는 나라면 고개를 흔든다. 우리 집 식구들이 그의 집까지 쫓아가 난리를 피웠기 때문이었다.

'올해는 잘해 봐야지. 지훈이 맘에 꼭 드는 그런 아이가 될거야. 작전을 잘 짜야 해. 4학년 때처럼 철없이 굴면 올해도 망치고 말아. 지금부터 작전을 시작하는 거야. 작전 이름을 뭐라고 붙이지? 그래, 여우작전. 여우 별명을 떼어 내고 새로운 별명을 얻기 위한 여우 작전!'

개학 첫날 나는 지훈이를 보며 몇 번이나 생각했다. 나를 불안하게 했던 지나는 다른 반이었다. 새 교실에는 아무리 둘러보아도 지나가 없었다. 나중에 안 일이지만 지나는 층수까지 다른 1반이었다.

'이제 되었어. 반까지 달라졌으니까 4학년 때처럼 '지나, 지나' 하지는 않겠지.'

6학년은 뭔가 잘될 것만 같은 조짐이 여기저기서 나타났다. 선생님은 여자 반장보다 나에게 심부름시키기를 좋아하셨고, 나는 지훈이와 같은 육상부에 뽑혔다. 우리는 날마다 아침 일찍 운동장에서 만났다. 나는 일부러 그에게 관심 없는 아이처럼 굴었다. 그것이 바로 여우 작전 1호였다. 나는 그러면서 기회를 노렸다. 기회는 의외로 빨리 왔다.

지구별 육상 대회에서 나는 200미터에서 1등을 했다. 지훈이가 높이뛰기 대를 향해 뛰어가는 모습은 정말 환상적이었다.

"양지훈, 축하해!"

"고마워!"

그가 나를 향해 환하게 웃었다. 나를 피하려고 하던 얼굴이 아니었다. 그런 그를 보며 나는 여우 작전 2호를 구상하고 있었다.

'기회를 놓쳐서는 안 돼.'

대회가 있었던 이튿날, 나는 다른 날보다 더 일찍 학교로 갔다. 학교는 아직도 깊은 잠에 빠진 아이처럼 조용했다. 초여름의 신록들도 안개에 묻혀 입을 다물고 있었다. 운동장가의 오동나무 밑 층계에 앉아 나는 그를 기다렸다. 그 곳은 우리 육상부 아이들이 가방을 내려놓고 육상화를 신는 대기 장소였다.

간밤에 떨어진 오동 꽃들이 보라색 이슬에 젖어 있었다. 떨어진 꽃이지만 아름답다. 바람이 불면 보라색 나비가 되어 날아오를 것 같았다.

나는 교문께를 계속 지켜보았다. 이제 지훈이가 나타날 것이고 이 층계로 걸어올 것이다.

"지훈아!"

지훈이가 육상 운동화 주머니를 들고 교문을 들어서다 말고 나를 쳐다보았다. 지훈이와 같이 들어서는 아이는 같은 반이며 육상부인 명호였다.

"지훈아, 받아. 1등 축하 선물이야."

지훈이 옆에 명호가 있었지만 나는 망설이지 않고 선물을 내밀었다. 지훈이는 당황하는 것 같았다. 육상 대회에서 아무 메달도 못 딴 명호의 얼굴이 굳어지고 있었다.
"고마워. 뭐 이런 걸 주고 그러냐. 너도 1등 했는데."
 지훈이는 명호 눈치를 보며 애써 덤덤하게 말했다. 그러나 나는 그의 눈빛이 풀잎처럼 흔들리는 것을 보았다. 마침내 그는 내 마음을 받아들인 것이다. 명호가 육상화로 바꾸어 신는 것을 핑계삼아 자리를 피해 주었다.
"지훈아, 지금까지 너를 괴롭힌 거 사과할게. 내 마음은 그게 아니었는데……."
 나도 모르게 눈물이 글썽 피어올랐다.
"나도 모르게 너를 괴롭혔어."
 내 눈물이 그를 당황하게 만들었다. 나는 이 기회를 놓쳐서는 안 된다고 생각했다.
"용서해 줄 거지?"
 내가 눈물을 글썽이며 말하는데 육상부 선생님이 저쪽에서 소리치셨다.
"너희들 뭐 하는 거야? 빨리 신발 안 갈아 신고."
"용서해 줄 거야?"
 지훈이는 얼떨결에 고개를 끄덕였다. 다른 육상부 아이들까지 우리 주위로 모여들고 있었기 때문이었다. 지훈이는 재빨리 내 선물을 가방에 집어넣고 육상화로 갈아 신었다.
'됐다!'
 나는 육상화로 갈아 신으며 웃음을 지었다.
'마침내 나는 지훈이의 마음을 사로잡았다.'
 나는 일기 첫 줄까지 생각하고 있었다.
'나는 지훈이를 끝까지 ♡할 거야.'
 일기의 끝은 이렇게 끝내겠다는 생각까지 해 놓고 나는 일어섰다. 어디선가 새가 노래하고 있었다. 나도 새처럼 휘파람을 불었다.
 나는 변하기 시작했다. 공부며 운동이며 못 하는 게 없는 나였지만 나는 여우이고 여자 깡패였다. 나는 부드럽고 상냥한 소녀가 되어야 한다고 날마다 스스로에게 최면을 걸었다. 최면 효과는 서서히 나타나기 시작했다.

"얘, 강서영이 요즘 변한 것 같지 않니?"

"나도 그런 생각했는데, 아주 얌전해졌어."

작년에 우리 반이었던 아이들이 먼저 수군거렸다. 엄마도 알 수 없는 일이라며 고개를 갸웃거렸다.

"서영아, 너 사춘기 왔나 보다."

엄마는 나의 변화를 이 한 마디로 표현했다. 글쎄 영리하다는 나조차도, 여우라는 나도 그것은 모르겠다. 내가 사춘기를 맞고 있는지. 확실한 것은 지훈이 때문이라는 것이다. 그 애를 생각하면 행동을 함부로 할 수가 없다. 여우 작전은 성공한 게 분명했다. 그리고 어느 새 '지훈이와 서영이는 서로 좋아한다.'는 소문이 은밀히 나돌고 있었다. 작전은 대성공이었다.

어느 새 한 학기가 끝나 가려 한다. 나는 정말 많이 변했다. 이제 나는 여우도 여자 깡패도 아니다. 그러나 참 이상한 일이다. 그 별명에서 벗어났다고 생각하니 기쁘면서도 한편은 제멋대로였던 그때가 그리워지기도 한다. 여우이고 싶고, 여자 깡패처럼 굴고 싶을 때도 있다.

그러나 참는다. 뜨거워지는 여름 볕을 견뎌 내는 나무들처럼 나도 참는다. 여우 작전은 아직 끝나지 않았다.

(3057자)

소요시간	1독		2독		3독	
	분	초	분	초	분	초

지문 기억 및 이해도 측정문제 (여우 작전)

1. '여우'와 '여자 깡패'라는 별명을 가진 아이의 이름은?
    ① 양지훈
    ② 유지나
    ③ 김명호
    ④ 강서영
    ⑤ 강서희

2. 여우작전을 펼쳤을 때 '여우'는 몇 학년 이었습니까?
    ① 2학년
    ② 3학년
    ③ 4학년
    ④ 5학년
    ⑤ 6학년

3. '지훈'이 엄마는 '여우'가 전화를 하면 어떻게 대하셨습니까?
    ① 쌀쌀하다.
    ② 친절하다.
    ③ 부드럽다.
    ④ 화를 냈다.
    ⑤ 웃어 주었다.

4. 지구별 육상대회에서 '여우'는 어느 종목에서 1등을 했습니까?
    ① 100미터
    ② 200미터
    ③ 800미터
    ④ 높이뛰기
    ⑤ 멀리뛰기

5. 다음 중 여우 작전에 속하지 않는 것은?
   ① 일부러 관심 없는 척했다.
   ② 오동나무 밑에서 지훈이를 기다렸다.
   ③ 육상 대회에서 1등한 지훈에게 선물을 주었다.
   ④ 운동화를 신겨 주었다.
   ⑤ 지금까지 괴롭힌 걸 사과했다.

6. 유지나의 별명은 무엇이었나요?

7. 양지훈은 어느 종목에서 1등을 했습니까?

8. 누가 먼저 사과를 했습니까?

9. '여우'의 변한 모습을 보고 어머니는 무엇이라고 표현 했나요?

10. 주인공이 이렇게 많이 변했는데 그것은 누구 때문이며 여우 작전은 언제 끝났습니까?

소요시간	1분당 읽은 글자수	이 해 도	1분당 독서능력
분 초			

은혜 갚은 까치

옛날 어느 곳에 한 젊은이가 있었습니다. 그는 열심히 공부하여 마침내 과거를 보러 서울로 떠났습니다.
그는 몹시 가난했기 때문에 말을 타고 갈 수가 없어서 걸어서 갔습니다. 그는 활 하나를 메고 있었는데 혹시라도 무서운 짐승을 만나면 사용하려고 준비한 활이었습니다.
젊은이는 하루 종일 걸었습니다. 날이 저물면 주막에서 자고 날이 새면 다시 걷기를 계속하며 부지런히 서울로 향하고 있었습니다.
이렇게 계속하기를 여러 날 째, 하루는 인가가 없는 험한 산길에서 저녁을 맞게 되었습니다.
'어이쿠, 이거 큰일인데. 벌써 해가 저렇게 기울고 있는데 주막은 없고 날은 점점 어두워지네.'
젊은이는 조금 더 가면 어디 주막이 나타나겠지 하고 더 걸었지만 길은 더 험해지고 사람 사는 집은 보이지 않았습니다.
'그래도 조금만 더 걸어 보자.'
그 때였습니다. 길가 아주 커다란 나무 위에서 귀를 찢는 듯한 까치 소리가 들려 왔습니다.
"깍, 깍, 깍······."
그 까치 소리는 여느 때 듣던 소리가 아니었습니다. 무슨 급한 변을 당해서 울부짖는 그런 소리였습니다. 젊은이는 가던 길을 멈추고 나무 위를 올려다보았습니다.
"저런!"
나무 위에 있는 까치집으로 아주 커다란 구렁이 한 마리가 올라가고 있었습니다. 그 구렁이를 본 어미 까치 두 마리가 아래위로 날면서 짖어 대고 있는 것이었습니다.

'저기 분명 아기 까치가 있나 보다. 저러니 어미 까치들이 저렇게 울어대지. 그렇다면 그냥 갈 수 없지.'

젊은이가 이런 생각을 하는 동안에도 어미 까치는 어쩔 줄을 모르고 울어대었습니다.

'분명해. 아기 까치 때문에 저러는 거야.'

젊은이는 도저히 그냥 갈 수 없다고 다시 생각했습니다.

"걱정 마, 까치들아. 새끼들을 구해 달라는 소리지? 내가 도와줄게."

젊은이는 어깨에 맨 활을 벗어 들고 화살을 재었습니다.

핑! 구렁이를 겨냥한 화살이 날아갔습니다. 참으로 뛰어난 활 솜씨였습니다. 구렁이는 단번에 나무 위에서 땅으로 털썩 떨어지고 말았습니다.

젊은이의 짐작대로 나무 위에는 아기 까치들이 있었습니다. 그 아기 까치들은 젊은이의 덕택으로 죽음을 면했습니다.

구렁이를 쏘아 떨어뜨리고 젊은이는 다시 길을 걸었습니다. 그러나 이미 해는 떨어지고 말았습니다. 사방이 컴컴해졌습니다. 그러나 어디에도 주막은 보이지 않았습니다.

'오늘밤은 산길에서 밤을 새워야 하나 보다.'

젊은이가 이렇게 생각하는데 먼데서 불빛 하나가 깜빡거리는 것이 보였습니다.

젊은이는 힘을 내서 불빛을 찾아갔습니다. 불빛이 새어나오는 집은 오래 된 절간 같은 집이었습니다.

"지나가는 나그네입니다. 하룻밤 쉴 수 있을까요?"

젊은이가 말하자 젊은 여주인이 나와 젊은이를 맞이했습니다. 젊은 여주인 혼자 사는 집이었습니다.

젊은이는 그 집에서 하룻밤을 묵게 되었습니다. 젊은 여주인의 안내를 받으며 방으로 들어간 젊은이는 너무 피곤하여 곧 잠이 들고 말았습니다.
  너무나 피곤하여 정신없이 자던 젊은이는 잠결에 숨이 너무 막혀 자기도 모르게 눈을 떴습니다.
  "앗!"
  어느 새 달이 떠서 창으로 푸른 달빛이 스며들어 방안을 비추고 있었습니다. 그런데 무엇인가가 젊은이의 몸을 친친 감고 있는 것이 보였습니다. 그것은 기둥같이 굵은 구렁이였습니다.
  "내 남편을 죽인 원수! 너도 나한테 죽어 봐라."
그 구렁이는 바로 젊은이가 쏜 화살을 맞고 떨어져 죽은 구렁이의 아내였습니다.
  구렁이는 점점 젊은이의 목을 조였습니다.
  "제발, 목숨만 살려 주세요. 한 번만 용서해 주시면 그 은혜를 잊지 않겠습니다."
  "어림없는 소리! 원수를 갚기 위해 내가 사람으로 변신까지 하며 기회를 노렸는데 내가 너를 살려 줘? 어림도 없어."
  "남편의 원수를 갚으려는 그 마음은 나도 잘 알겠소. 남을 죽이고 내가 살겠다고 욕심을 부리지는 않겠소. 그러나 나는 지금 서울로 과거를 보러 가는 길이오. 집에서는 부모님이 장원급제하여 돌아오기만을 기다리실 텐데 내가 여기서 죽으면 얼마나 슬프시겠소?"
  "허튼 수작 부리지 마. 넌 내 남편의 원수야!"
  구렁이는 혀를 날름거리며 말했습니다.
  "구렁이님, 내 말을 들어보세요. 나도 구차하게 목숨을 구걸하고 싶지는 않습니다. 내가 당신 남편을 죽인 것은 당신 남편이 새끼 까치를 잡아먹으려고 했기 때문이었어요. 어린 새끼 까치가 잡아먹힐까 봐 짖어대는 어미 까치들의 울부짖음을 차마 외면 할 수 없었어요. 그래서 앞 뒤 생각 없이 그만 화살을 뽑아 들고 말았어요."

젊은이가 이렇게 말하자 구렁이는 무슨 생각이 들었는지 꽉 죄었던 몸을 느슨하게 풀면서 말했습니다.
"너의 이야기를 들으니 너도 짐승을 사랑하고 있구나. 어린 새끼 까치를 위하다가 정신없이 저지른 일이라고 하니 죄를 가볍게 보아주마. 그러나 너무 좋아하지 마. 지금 당장 너를 살려 주겠다는 게 아니라 자정까지 이 집 뒤에 있는 종이 세 번 울린다면 너를 살려 주마."
구렁이는 일단 젊은이를 풀어 주었습니다. 젊은이는 '후유'하며 부스스 일어났습니다. 시간이 없습니다. 곧 자정이 됩니다. 빨리 움직여야 합니다.
그러나 집 뒤로 간 젊은이는 발을 동동 굴렀습니다. 종은 너무 높은 다락 위에 매달려 있었습니다. 그 집은 아주 오래 된 절이라 종에 달려 있던 줄도 없고 올라갈 사다리도 없었습니다. 곧 자정이 될 텐데 큰일입니다.
젊은이가 높은 데 매달려 있는 종을 보며 한숨을 쉬고 있는데 다시 구렁이가 다가왔습니다.
"자, 약속한 자정이 되었다. 이제는 각오를 해라."
그 때였습니다. 다락 위의 종이 '땡, 땡, 땡' 하고 세 번 울렸습니다. 젊은이도 구렁이도 너무 놀랐습니다. 종을 치는 사람도 없는데 종이 울렸으니 놀랄 수밖에 없습니다. 너무나 뜻밖이었습니다.
"정말 알 수 없는 일이다. 약속한 대로 너를 살려 주마."
구렁이는 어디론가 사라지고 말았습니다. 날이 새자 젊은이는 종이 매달려 있는 곳으로 다시 가 보았습니다.
'어제 자정에 종을 울려 나를 살려 준 것은 부처님일까?'
이런 생각을 하며 땅바닥을 내려다보던 젊은이는 깜짝 놀랐습니다. 땅바닥에는 새벽 이슬에 젖은 두 마리의 어미 까치가 머리에 피를 흘리며 죽어 있었습니다. 어제 저녁 젊은이의 도움을 받았던 그 까치들이 분명했습니다.

 '훌륭한 까치로다. 은혜를 갚기 위해 목숨까지 버리다니. 나를 살리기 위해 머리로 종을 쳤구나. 그리고 이렇게 떨어져 죽었구나. 고맙다, 고맙다. 까치야.'

 죽은 까치를 집어들며 젊은이는 자기도 모르게 뜨거운 눈물을 흘렸습니다.

(2183자)

소요시간	1독		2독		3독	
	분	초	분	초	분	초

지문 기억 및 이해도 측정문제(은혜 갚은 까치)

1. 젊은이는 과거시험 보러 가는데 왜 활을 가지고 출발 했나요?
   ① 무과 시험을 보기 위해서다
   ② 사냥하기 위해서다
   ③ 날짐승을 잡으려고
   ④ 무서운 짐승이 나타나면 사용하려고
   ⑤ 구렁이를 잡으려고 챙겼다

2. 까치가 울어 댄 상황은 어떤 상황입니까?
   ① 위급한 상황
   ② 즐거운 상황
   ③ 기쁜 소식 전하는 상황
   ④ 슬픈 상황
   ⑤ 도망치려는 상황

3. 젊은이는 활을 몇 번 쏘아서 구렁이를 땅에 떨어뜨렸습니까?
   ① 한 번
   ② 두 번
   ③ 세 번
   ④ 네 번
   ⑤ 다섯 번

4. 불빛이 새어 나오는 집은 어떤 집이었나요?
   ① 궁궐 같은 집
   ② 오두막 집
   ③ 초가집
   ④ 절간 같은 집
   ⑤ 양반이 사는 집

5. 집 뒤에 있는 종은 누가 울렸습니까?
   ① 구렁이
   ② 부처님
   ③ 종지기
   ④ 젊은이
   ⑤ 까치

6. 젊은이를 죽이려고 한 여인은 누구였습니까?

7. 구렁이는 언제까지 종을 울리면 젊은이를 살려 준다고 했는가?

8. 종은 몇 번 울렸습니까?

9. 날이 새자 젊은이는 종이 매달려 있는 곳으로 다시 가 본 이유는 무엇일까요?

10. 죽은 까치는 두 마리인데 어떻게 종을 세 번 울릴 수 있었을까요? 각자 추리해 봅시다

소요시간		1분당 읽은 글자수	이 해 도	1분당 독서능력
분	초			

너를 보았어, 목욕탕에서

　새 학년이 되자 나의 생활은 하루하루가 꿈같이 진행되었다. 반장 선거에서 엄청난 표 차이로 당선된 것도 그렇고, 우리 아이들의 마음을 부모님처럼 친구처럼 이해해 주시는 새 담임 선생님도 나를 기쁘게 했다.
　거기다가 우리 반에 새롭게 모여든 남자아이들은 하나같이 용감하고 잘 생기고 운동을 좋아하는 아이들이어서 전교에 소문이 자자하게 되었다. 다른 반과 시합이라도 있는 날이면 우리 반 여자아이들은 한 사람도 빠지지 않고 모여 응원해 주었다. 그럴 때, 제일 먼저 휘날리는 것은 언제나 내 이름이었다.
　"김세훈, 김세훈, 김세훈!"
　"플레이, 플레이, 플레이!"
　우리 반 남자아이들이 모두 질투할 정도로 여자아이들은 나를 좋아했다. 그러나 내가 누구인가. 그럴 때는 어떻게 해야 한다는 것쯤은 이미 알고 있기 때문에 미움의 표적이 되지는 않았다. 그럴수록 겸손하게 행동해야 한다는 것을 나는 알고 있었다. 여자들의 인기를 한 몸에 받으며 교만을 떠는 아이들은 미운 털이 박히기 쉬운 법이다.
　나는 그걸 알고 있었다. 우리 부모님께서도 그걸 제일 걱정하셔서 틈 나는 대로 충고를 아끼지 않으셨다.
　"세훈아, 요즘 친구들이랑 잘 지내고 있지? 반장이라고, 인기 좀 있다고, 너무 우쭐거리면 반 아이들에게 미움받기 쉽다. 항상 겸손하게……."
　"알아요. 친할수록 친구 사이에도 예의를 지키는 거요."
　"그래, 아무쪼록 그래야지."
　이처럼 나는 완벽했다. 앞서 말한 것처럼 나의 생활은 감미로운 꿈같이 흐르고 있었다.

좀 어려운 말이기는 하지만 호사다마라는 말을 아는지 모르겠다. '좋은 일에는 방해되는 일이 많다.'라는 뜻인데 잘 되다가 뭔가 삐끗할 때 쓰는 말이다.

감미롭기만 하던 내 꿈에 이상한 아이가 나타난 것은 4월 초였다. 강진득. 그 애는 초라한 모습으로 나타났다. 첫 인상부터가 우울해 보이는 그런 애였다. 우리는 그 애가 글을 제대로 읽지 못하고, 쉬운 계산도 하지 못하는 데 경악했다. 그러나 그것은 참을 수 있는 일이었다. 그 애가 체육 시간에 보여 준 꼴이라니. 발야구 게임을 하는데 진득이는 전혀 도움이 되지 않았다. 그 애는 발야구라는 것을 전혀 안 해 본 아이 같았다. 그 애는 우리편이었는데 덕분에 우리는 그 날 죽을 쑤고 말았다. 그건 세훈이네 편이라야 이긴다는 전설 같은 이야기가 깨어지는 순간이기도 했다. 나는 속이 부글부글 끓었지만 좀 더 두고 보기로 하고 겨우 참았다. 그러나 그 애는 끝까지 우리 속을 썩였다. 마침내 우리는 그 애를 제쳐 두기로 했다.

다행스러운 게 있다면 그 애는 우리가 자기를 무시하는데도 전혀 섭섭해하지 않는다는 거였다. 그래서 우리는 마침내 그 애가 마치 없는 것처럼 살았다.

하지만 우리는 그럴 수 있어도 선생님은 그럴 수 없었다.

"진득이는 왜 같이 안 하니?"

"싫대요."

"진득이가 끼면 그 편은 꼭 져요. 싫어요."

그 애가 나타남으로 해서 선생님은 아주 힘들어 하셨다. 선생님은 그 아이의 편을 들어주려고 했지만 뭔가 바탕이 되어 있어야 도움을 줄 텐데, 그 애는 정말 구제 불능이었다. 게다가 그 애는 정말 더럽기 짝이 없었다. 그래서 아무도 그 애랑 앉으려고 하지 않앉기 때문에 반장인 내가 결국 희생을 하게 되었다. 어느 날 선생님이 은밀히 나를 불렀다.

"세훈아, 진득이 말이야. 혼자 앉게 할 수는 없지 않겠니? 그러니 네가 같이 앉아라. 마음이 넓은 너나 앉지, 누가 앉겠니? 믿을 사람은 너 밖에 없어."

나는 꼼짝없이 그 애 옆자리에 앉게 되었다. 정말 그 애 몸에선 참을 수 없이 이상야릇한 냄새가 났다.

나는 걸핏하면 그 애를 구박해서 분풀이를 했다. 그 애는 숙제며 준비물이며 제대로 챙기는 법이 없었다.

"에그, 넌 도대체 뭣 때문에 사냐?"

어느 날 나는 더 이상 참지 못하고 소리를 꽥 질렀다. 물론 선생님이 안 계실 때였다. 그 애는 슬픈 눈으로 나를 보았다. 그런 눈을 나는 이제껏 본 일이 없다. 슬픔에 떠는 아주 깊은 눈이었다. 그 날 오후 그 애는 선생님에게 큰 소리로 말했다.

"선생님, 전 혼자 앉고 싶어요."

모든 눈길이 나에게 쏠렸다. 아이들은 모두 놀란 눈치였다. 항상 벙어리 같았던 진득이. 그 애가 그렇게 큰 소리를 지를 수 있다는 데 아이들은 큰 충격을 받은 것 같았다. 나는 아찔했다. 지구의 한 쪽 끝이 나에게 기울어져 오는 것 같은 위기의 순간이었다. 적어도 나에겐 그랬다. 아, 선생님은 뭐라고 하실 것인가. 나를 믿는다고 했는데…….

"진득아, 왜 그러니? 세훈이가 괴롭히니?"

선생님은 뜻밖이라는 듯 신음처럼 말했다.

"아뇨. 선생님. 전 혼자 앉는 게 편해요. 혼자 앉아야 생각이 자유롭거든요."

나는 '후유', 하고 안도의 숨을 내쉬면서도 쓴웃음을 지었다. 생각이 자유롭거든요……, 참 웃기는 애였다. 선생님은 고개를 흔들며 안 된다고 하셨다.

　날씨가 화창한 어느 날이었다. 우리 집 화단에는 붓꽃이 피기 시작했고 울타리에도 분홍빛 줄장미가 하나 둘 피어나기 시작하던 토요일이었다. 나는 늦은 점심을 먹고 목욕탕으로 갔다. 오전 수업이 끝나자마자 우리는 축구를 했던 것이다. 당연히 우승은 우리 반이었다. 어머니는 목욕비 말고도 때 미는 값을 쥐어 주며 꼭 때를 밀고 오라고 귀에 못이 박히도록 말했다.

　화창한 봄날 오후인데도 목욕탕에는 사람들이 많았다. 뿌연 수증기 속에 원시인 같은 사람들이 희미하게 보였다.

　온탕에 몸을 누이자 나른한 피로가 밀려왔다. 그러니까 거기서 깜박 잠이 들었던가.

　"할아버지, 돌아앉으세요."

　어쩐지 귀에 익은 목소리가 내 얕은 잠 속으로 건너 왔다. 나는 슬쩍 눈을 떴다가 이내 다시 감았다. 피곤하다고 생각하니까, 몸이 정말 피곤해지고 있었다. 꼼짝도 하기 싫었다. 이렇게 때를 불리다가 때밀이 아저씨한테 가서 때를 밀면 될 터였다.

　"시원하시죠?"

　나는 눈을 번쩍 뜨고 소리 나는 쪽을 보았다. 이상하게 잠이 확 달아났다.

　"……?"

　뿌연 수증기 속에서 한 아이가 노인의 등을 밀고 있었다. 그것은 흔하지 않은 풍경이었다. 그리고 그 그림 같은 풍경이 온탕 밖으로 나오게 했다.

　"진득이잖아."

　나는 수증기처럼 힘없이 중얼거렸다. 이상했다. 뭐라고 할까. 그것은 내가 전혀 상상하지 못한 그림이었다. 나는 무엇인가에 끌린 사람처럼 진득이 가까이 가서 그를 관찰하기 시작했다.

진득이는 이제 노인의 몸에 비누질을 하더니 다시 깨끗한 물로 비눗물을 씻어 내었다.
　"할아버지, 다 되었어요."
　진득이는 할아버지를 부축하여 일으키더니 밖으로 나갔다. 할아버지는 제대로 걷지 못하셨다. 한눈에 거동이 불편한 분이라는 걸 알 수 있었다. 밖으로 나간 진득이가 할아버지 몸을 마른 수건으로 닦아 내는 게 유리창으로 보였다.
　나는 그 날, 때밀이 아저씨한테 때를 밀지 않았다. 내 손으로 때를 밀기는 처음이었다.
　"녀석, 제법이구나. 요즘 아이들은 자기 손으로 때조차 밀지 않는다고 하던데……. 기운 없는 노인들은 오히려 제 손으로 때를 미는데 아이들이 척 누워서 때밀이한테 때를 미는 세상이 되었어. 이리 와, 내가 등을 밀어 줄 테니까. 내 등은 네가 밀어라."
　내 옆에서 목욕을 하시던 할아버지가 내 등을 돌려 앉히며 말씀하셨다. 나는 자꾸만 진득이와 할아버지를 생각했다. 그리고 우리 할아버지를 생각했다. 나는 우리 할아버지가 싫다. 할아버지에게선 냄새가 난다. 그래서 할아버지 방에 갈 일이 있으면 얼른 나오고 만다. 그런데 진득이는…….
　목욕을 마치고 돌아오며 나는 슈퍼마켓에 들렀다. 할아버지가 좋아하시는 소주와 오징어 한 마리를 샀다. 내가 할아버지를 위해 무엇을 산 것은 그 때가 처음이었다.
　"나야, 전화 빨리 안 받고 뭐 해. 웬일이냐고? 자랑할 일이 생겨서 전화했어. 아, 글쎄 우리 세훈이 녀석이 때 밀라고 돈을 주었더니 그걸 안 쓰고 소주하고 오징어를 사 왔지 뭐야. 때는 자기 손으로 밀었대. 그럼, 그럼, 요즘 그런 애가 어디 있누? 우리 세훈이? 그 놈은 안 그래. 얼마나 나를 위한다고."
　할아버지는 전화기에다 대고 내 자랑을 늘어놓기 시작했다. 나는 할아버지가 그렇게 좋아하실 줄은 몰랐다. 아버지가 비싼 선물을 사 드렸을 때보다 더 좋아하셨다.

이튿날 학교에서 만난 진득이는 여전히 부스스하고 지저분한 모습으로 내 옆자리를 차지하고 있었다.

"나 어제 너를 보았어, 목욕탕에서."

진득이는 얼굴이 빨개졌다.

"우리 할아버지는 항상 누워서 지내셔. 그래서 내가 그렇게 목욕을 시켜 드려야 해."

"왜 아빠가 안 하시고……."

"아빠는, …… 안 계셔……."

진득이는 말꼬리를 흐리며 일어서더니 학급 문고가 있는 쪽으로 가서 책을 고르기 시작했다. 평소에 책이라고는 전혀 안 보는 녀석이었는데…….

그 애가 앉았던 자리에서 나는 처음으로 향긋한 냄새를 맡았다. 별똥별이 앉았던 자리처럼 그 애가 앉았던 자리에는 이상한 빛이 서려 있었다.

(2918자)

소요시간	1독		2독		3독	
	분	초	분	초	분	초

지문 기억 및 이해도 측정문제(너를 보았어, 목욕탕에서)

1. 다른 반과 운동시합을 할 때면 누구 이름이 제일 먼저 불려지는가?
   ① 박훈세
   ② 김세훈
   ③ 이상철
   ④ 서민철
   ⑤ 김민수

2. 남자아이들이 질투할 정도로 여학생들이 좋아할 때 반장은 어떻게 행동하였습니까?

3. 부모님께서 충고한 내용이 아닌 것은?
   ① 친구들이랑 잘 지내라
   ② 우쭐대지 말아라
   ③ 겸손해라
   ④ 친할수록 예의를 지켜라
   ⑤ 친구들과 항상 나누어 먹어라

4. '호사다마'라는 말은 어떤 뜻인가요?
   ① 잘생긴 사람은 항상 좋은 일만 생긴다
   ② 좋은 일에는 방해되는 일이 많다
   ③ 좋은 일엔 더욱 좋은 일이 생긴다
   ④ 싫은 일이라도 끝까지 해라

5. 다음 중 진득이에 대한 설명으로 맞지 않는 것은?
   ① 발야구를 아주 못한다
   ② 무시하는데도 전혀 섭섭해하지 않는다
   ③ 이상야릇한 냄새가 난다
   ④ 숙제며 준비물을 제대로 챙기지 않는다
   ⑤ 아이들을 마구 때리는 말썽꾼이다

6. 진득이는 "혼자 앉아야 (　　　)이 자유롭거든요."라고 말했다.
   (　　　)안에 알맞은 말은?

7. 진득이는 누구와 목욕탕에 같이 왔는가요?

8. 반장은 할아버지를 왜 싫어했습니까?

9. 반장은 할아버지께 무엇을 사다 드렸습니까?

10. 진득이가 앉았던 자리에서 어떤 냄새를 맡았습니까?

소요시간	1분당 읽은 글자수	이 해 도	1분당 독서능력
분　　초			

봉이 김선달

　오래 전, 평양에 김 선달이라는 사람이 살고 있었습니다. 그는 인정이 많고 슬기로워 주위 사람들이 모두 그를 좋아했습니다. 그러나 그에게는 물려받은 재산도 없고 벼슬길에도 나아가지 않아 집안 살림이 어려웠습니다.
　어느 날, 김 선달의 아이들이 배가 고프다고 칭얼대었습니다.
　"여보, 쌀이 한 톨도 없어요."
　김 선달의 아내는 어두운 얼굴로 말했습니다.
　"너무 걱정 마시오. 내가 나가서 어떻게든 구해 보리다."
　김 선달도 몹시 배가 고팠지만 아무렇지도 않은 얼굴로 집을 나섰습니다.
　그는 장터로 나갔습니다. 장터는 시끌벅적했습니다. 물건을 흥정하는 소리에다 해가 떨어지기 전인데도 거나하게 술에 취한 사람들의 노랫소리로 흥겨운 분위기였습니다.
　여기저기 기웃거리던 김 선달은 한 곳에 멈추어 서서 닭장수를 보았습니다. 닭장수가 터무니없이 비싼 값에 닭을 팔고 있는 것을 보았기 때문입니다.
　'고약한 닭장수로군. 저 닭장수를 좀 곯려 줄까?'
　김 선달은 바보 같은 걸음걸이로 닭장수에게 다가갔습니다. 그리고는 수탉을 가리키며 물었습니다.
　"야, 정말 아름다운 새다. 어르신! 이 아름다운 새는 무슨 새 입니까?"
　'닭을 보고 새라니. 바보구먼.'
　닭장수는 김 선달이 바보가 틀림없다고 생각하고는 곯려주려고 마음먹었습니다.
　"이 새 말이오? 이게 바로 유명한 봉(상상의 새. 수컷은 봉, 암컷은 황이라고 함)이라는 새요."
　"아니 이게 봉이오? 어쩐지 참으로 아름답다고 생각했어요. 봉이구나, 이게."

김 선달은 그 수탉을 어루만지며 좋아서 어쩔 줄을 몰라 하는 시늉을 하였습니다.

"그럼 이 새 값이 굉장히 비싸겠네요. 얼마예요?"

'이런 바보, 오늘은 재수가 좋은 날인가 보다.'

닭장수는 이렇게 생각하며 입을 열었습니다.

"굉장히 비싸지요. 열 냥은 받아야 해요. 그렇지만 아저씨가 사신다면 닷 냥에 드리지요. 워낙 선해 보여서 반값만 받는 거예요. 이렇게 싸게 샀다고 어디 가서 이야기하지 말아요."

"정말 그렇게 해 주실 거예요?"

김 선달은 자기 계획대로 일이 척척 진행되었지만 계속해서 아주 바보인 척하고 수탉을 샀습니다. 닭장수는 김 선달을 바보라 업신여기며 횡재했다고 생각했습니다.

김 선달은 수탉을 보자기에 싸 들고 잰걸음으로 사또에게 갔습니다.

"사또, 아주 귀한 새를 구했기에 드리려고 왔습니다. 사또께서 우리 고을을 잘 다스려 주셔서 항상 고맙게 생각하고 있습니다. 그래서 귀한 새를 구했기에 이렇게 드리려고 왔습니다."

사또는 자기를 칭찬하며 선물까지 가져온 김 선달을 훌륭한 백성이라 생각하며 흐뭇해했습니다.

"아니, 봉을 가져왔다고? 그토록 귀한 새를 가져오다니 정말 고맙소."

사또는 아주 부드러운 소리로 말했습니다. 그러나 김 선달이 보자기를 푸는 순간 버럭 소리를 질렀습니다.

"아니 이게 뭐야? 수탉을 가져와서 봉이라고 하다니, 이런 고얀 놈 좀 보게나."

사또는 펄펄 뛰었습니다.

"여봐라! 당장 이놈을 감옥에 쳐 넣어라. 수탉을 가져와서 봉이라고 하다니. 여기가 어디라고 감히 거짓말을 하느냐?"

"네? 이게 봉이 아니라고요? 소인은 봉이라고 해서 쉰 냥이나 주고 샀는데요."

김 선달은 넋이 나간 표정으로 어쩔 줄을 몰라 쩔쩔매는 척했습니다.

이를 본 사또가 말했습니다.

"보아 하니 네가 나를 생각해서 이 수탉을 산 모양인데 네가 속았구나. 이처럼 착한 사람을 속이다니. 여봐라, 수탉을 봉이라고 속인 사람을 찾아서 당장 잡아들이도록 하라. 어서 시행하라!"

"네, 당장 잡아들이도록 하겠습니다. 여보시오. 장터 어디에서 어떻게 생긴 사람한테 샀는지 자세히 말해 보시오."

김 선달은 닭장수의 생김새에 대해 자세히 말했습니다. 곧바로 닭장수가 잡혀 왔습니다.

"네가 수탉을 봉이라고 속여서 판 닭장수냐?"

사또의 호통에 닭장수는 솔직하게 말할 수밖에 없다고 생각했습니다. 속이려 들다가는 더 크게 경을 칠 테니 솔직히 말하는 게 낫겠다고 생각한 것입니다.

"사또, 죽을 죄를 지었습니다. 곧 수탉 값 닷 냥을 돌려주고 수탉도 받지 않겠습니다."

"왜 닷 냥이냐? 이 사람은 이 수탉을 봉인 줄 알고 쉰 냥에 샀다던데."

"사또, 아닙니다. 분명히 저는 수탉 값으로 닷 냥을 받았을 뿐이옵니다."

듣고 있던 김 선달은 여전히 바보 같은 얼굴로 사또 앞에 고개를 숙이며 말했습니다.

"사또, 닷 냥 짜리 봉이 어디 있습니까? 쉰 냥이라고 해서 저는 진짜 봉인줄 알았습니다."

사또는 김 선달의 편을 들었습니다. 닭장수는 크게 혼나고 김 선달에게 쉰 냥을 내주었습니다.

"다음부터는 속지 않도록 조심하게."

"사또, 고맙습니다. 역시 사또는 훌륭하십니다. 저처럼 힘이 없는 평민들의 마음을 알아주시니 정말 고맙습니다."

이런 일이 있고 나서 사람들은 김 선달을 '봉이 김 선달'이라고 부르기 시작했습니다.

어느 따뜻한 봄날이었습니다.

김 선달이 대동강을 거닐고 있는데 강가의 정자에서 사람들이 떠들썩

하게 떠드는 소리가 들렸습니다. 가만히 들어보니 한양 사람들이 평양 사람들을 속여먹은 이야기였습니다.
'흠. 우리 평양 사람을 속여서 기분이 좋다고? 우리 평양 사람들이 모두 바보 같다고? 어디 두고 보자.'
봉이 김 선달은 대동강가에서 물을 긷고 있는 사람에게 가서 뭐라고 수군거렸습니다. 평소에 봉이 김 선달을 좋아하던 사람들이라 모두 봉이 김 선달이 시키는 대로 하겠다고 고개를 끄덕였습니다.
봉이 김선달은 사람들에게 돈 열 냥씩을 나누어주며,
"자 그럼 시작해 봅시다."
하고 말했습니다.
"좋아요, 우리 평양 사람들을 깔보는 한양 사람들을 함께 혼내주기로 합시다."
돈을 받은 사람들은 물을 길어 가면서 봉이 김 선달 앞에 돈을 한 냥씩 놓고 갔습니다.
한 사람, 두 사람, 세 사람……. 사람들은 계속해서 돈을 떨어뜨리며 갔습니다. 마치 물 값을 내고 가는 것처럼 보였습니다.
얼마쯤 지나 정자에서 나오던 한양 사람들이 물 값을 내고 가는 것을 보았습니다. 한양 사람들은 김 선달에게 와서 물었습니다.
"왜 강물을 길어 가면서 돈을 내고 가는 겁니까?"
"아니 그것도 모르시오? 내가 강물 임자니까 물 값을 내는 것이지요."
한양 사람들과 이야기를 하는 동안에도 사람들은 계속해서 돈을 떨어뜨리고 갔습니다.
"자, 여기 있습니다."
"여기요."
그 사람들은 모두 봉이 김 선달에게서 미리 열 냥씩을 받았기 때문에 물 값을 열 번이나 낼 수 있었습니다.
한양 사람들이 구경하는 사이에 봉이 김 선달 앞에는 돈이 수북이 쌓였습니다.
한양 사람들은 서로 눈길을 주고받더니 저 쪽으로 걸어가 자기들끼리 의논하기 시작했습니다.

"여보게, 우리가 저 대동강을 사는 게 어떻겠는가?"

"가만히 앉아서 돈을 벌 수 있으니 살 수만 있으면 좋지."

"그러니까 작전을 잘 짜서 대동강을 사기로 하세."

한양 사람들은 한참 동안 의논한 후에 봉이 김 선달에게 갔습니다. 그 동안 더 많은 돈이 쌓여 있었습니다.

"저, 선달님, 우리에게 대동강을 팔지 않겠소? 우리가 값을 후하게 쳐 드리리다."

"아니 그게 무슨 소리요? 대동강을 팔다니요? 가만히 있어도 돈이 들어오는데 뭐가 답답해서 대동강을 팔겠소."

봉이 김 선달은 펄쩍 뛰는 시늉을 해 보이며 말했습니다.

"에이, 선달님은 그 동안 돈을 많이 벌었으니 좀 놀러도 다니시구려. 팔도 강산 구경이 얼마나 좋은지 아시오? 우리야 돈이 없어 구경을 못 하지, 선달님이야 돈이 많을 테니 이제 슬슬 돈 자랑도 좀 하시구려."

"그럼요. 돈 자랑만큼 좋은 게 어디 있습니까? 그러니 우리에게 대동강을 파세요."

"아, 돈이 있으면 뭐해요? 멋있게 쓰기도 해야지요. 아, 죽을 때까지 여기 앉아 있다 죽을 겁니까?"

한양 사람들은 별별 소리를 다 하며 봉이 김 선달을 꾀었습니다.

"듣고 보니 그러네요. 나는 돈이 있어도 구경 한 번 제대로 못했다오."

봉이 김 선달은 솔깃해하는 것처럼, 어리숙한 것처럼 말했습니다.

"사실은 한 자리에 앉아 있으니 싫증날 때도 있다오. 돈을 후하게 준다면 팔아 버릴까 하고 생각한 적이 있기는 합니다만."

한양 사람들은 이 때다 하고 고삐를 조이듯 말했습니다.

"우리가 후하게 값을 내리다. 이천 냥이면 어떻겠소?"

"이천 냥이면 그럭저럭 괜찮겠군요."

"자, 여기 있소. 앞으로는 절대 다른 소리를 하면 안 되오."

봉이 김 선달은 못 이기는 척 돈을 받았습니다.

이튿날, 아침 일찍 김 선달이 앉았던 자리에 한양 사람들이 나와 앉았습니다.

"우리는 이제 곧 부자가 될 거야."

"평양 사람들은 정말 하나같이 바보로군. 이런 복 단지를 팔다니 말이야."

"김 선달인지, 박 선달인지 그 사람 지금쯤은 후회하고 있을걸."

"하하하, 후회하면 뭘 해. 우리가 어디 물러 주남?"

한양 사람들이 이렇게 떠들고 있는데 사람들이 물을 긷기 위해 나타났습니다.

'어? 왜 물을 길어 가면서도 돈을 내지 않지?'

한양 사람들은 이상하게 생각하며 큰 소리로 말했습니다.

"여보시오! 왜 물 값을 안 내고 가는 거요?"

"물을 길었으면 주인에게 물 값을 내야지."

그래도 사람들은 들은 척도 하지 않았습니다.

참다 못한 한양 사람들이 물을 길어 가는 사람을 한 명 붙잡아 세웠습니다.

"돈을 내시오."

"돈을 내라니요? 내가 언제 댁한테 빚졌소?"

"물 값 말이오. 물을 길어 가면 강물 주인에게 돈을 내야지요."

"누가 대동강의 주인이란 말이오?"

"아직 모르시는군. 그래서 그냥 가는 모양인데 우리가 어제 김 선달한테 대동강을 샀소. 이제 우리한테 물 값을 내시오."

"이제 알겠소? 어서 물 값을 내시오."

물을 길어 가던 사람들은 그 소리를 듣고 한꺼번에 웃었습니다. 길을 가던 사람들도 그 소리를 듣고 배꼽을 잡았습니다.

"하하하! 여보시오. 강에도 주인이 있다는 소리는 처음 들었소. 당신들이 나라님이라도 된단 말이오?"

"대동강 물 값을 내라고요? 가서 관가에 고발해야겠네."

한양 사람들은 그제서야 뭔가가 잘못 되었다는 것을 알고 얼굴이 벌개졌습니다.

"그럼, 어제는 왜 김 선달에게 물 값을 주었소?"

"그거야, 그 돈이 봉이 김 선달의 돈이니까 주인에게 돌려 준거지요. 우리는 물장사 놀이를 했거든요."

"뭐라구요? 그게 놀이였다고요?"

그제서야 한양 사람들은 자기들이 김 선달한테 감쪽같이 속았다는 것을 알고 발을 동동 굴렀습니다.

(3367자)

소요시간	1독		2독		3독	
	분	초	분	초	분	초

지문 기억 및 이해도 측정문제(봉이 김 선달)

1. 김 선달은 어디에서 살았습니까?
   ① 한양
   ② 평양
   ③ 해주
   ④ 남원
   ⑤ 부산

2. 김 선달이 닭장수를 골려 주려고 한 이유는 무엇인가요?
   ① 김 선달을 약 올렸다
   ② 김 선달을 화가 나게 했다
   ③ 닭 값을 터무니없이 비싸게 받았다
   ④ 닭 값을 싸게 받았다
   ⑤ 거짓말을 하여 사람들을 현혹시켰다

3. 김 선달은 수탉을 사서 어디로 갔습니까?
   ① 자기 집
   ② 장터
   ③ 대동강변
   ④ 관가
   ⑤ 음식점

4. 김 선달이 닭장수에게서 닭 값으로 얼마를 받았습니까?
   ① 닷 냥
   ② 열 냥
   ③ 스무 냥
   ④ 서른 냥
   ⑤ 쉰 냥

5. 한양 사람들은 김 선달에게 얼마를 주고 대동강을 샀습니까?
   ① 천 냥
   ② 이천 냥
   ③ 삼천 냥
   ④ 사천 냥
   ⑤ 오천 냥

6. 봉황새의 암컷 이름은 무엇인가요?

7. 사또는 닭장수를 어떻게 처리 했는가요?

8. 한양 사람들은 대동강물을 살 때 김 선달을 어떤 말로 꾀었습니까?

9. 봉이 김 선달이라고 불리게 된 것은 언제부터인가요?

10. 김 선달이가 한양 사람들을 속이려고 한 동기는 무엇인가요?

소요시간	1분당 읽은 글자수	이 해 도	1분당 독서능력
분 초			

마지막 수업

　그 날 아침, 나는 아주 늦게서야 학교로 향했습니다. 학교 등교시간에 늦은데다 선생님께서 시험을 볼 테니 공부해 오라고 한 것도 하지 않았기 때문에 학교에 가기가 싫었습니다. 선생님의 야단이 두려웠습니다. 학교 가는 대신 들판으로 나가 쏘다니면 어떨까 하는 생각이 들었습니다.
　하늘은 맑고 투명했습니다. 뒷동산에는 새들이 노래하고, 목재공장 뒤에 있는 리퍼르트네 목장에서 들리는 프로이센 병사들의 훈련소리……. 이런 것들이 학교보다 훨씬 내 마음을 끌어당겼습니다. 그러나 나는 놀러 가고 싶은 마음을 꾹 누르고 부지런히 학교로 향했습니다.
　면사무소 앞을 지날 때였습니다. 철망을 친 게시판 앞에서 많은 사람들이 뭔가를 보고 있었습니다. 두 해 동안이나 전쟁에서 패했다는 소식, 공출, 군사명령……. 게시판에는 대개 이런 언짢은 소식들이 나붙고 있었기 때문에 나는 잰걸음을 멈추지도 않고 '또 무슨 일이지?'라고 생각하며 그 앞을 막 지나치려 하였습니다. 그 때, 게시판을 들여다보고 있던 대장간의 바흐터르 할아버지가 나를 보고 소리쳤습니다.
　"애, 그렇게 빨리 가지 않아도 된다. 아무리 늦게 가도 학교는 늦지 않을 게다."
　나는 할아버지가 나를 놀리고 있다고 생각했습니다. 그래서 더 빠른 걸음으로 아멜 선생님네 조그만 마당으로 들어갔습니다. 숨이 가빴습니다.
　여느 때 같으면 공부가 시작될 무렵이라 책상 뚜껑 여닫는 소리며 그 날 배울 것을 좀 더 잘 외우려고 귀를 막고 외우는 아이들로 교실이 떠나가게 시끄러울 텐데 아주 조용했습니다. 그뿐이 아닙니다. 선생님께서 그 커다란 자로 교탁을 두드리며
　"좀 조용히! 조용!"
하는 소리가 교실 밖에까지 들릴 시간입니다.
　나는 늦었기 때문에 그 시끄러운 틈을 타서 교실로 살짝 들어가려 했었는데 정말 이상했습니다. 너무 조용해서 일요일 아침 같았습니다. 열

린 창 너머로 친구들이 제자리에 얌전하게 앉아 있는 게 보이고 아멜 선생님이 그 무서운 쇠막대를 겨드랑이에 끼고 왔다 갔다 하시는 것도 보였습니다. 나는 별 수 없이 쥐죽은듯이 고요한 가운데로 문을 열고 들어가야 했습니다. 얼굴이 화끈거리고 가슴이 뛰었습니다.

　이제 선생님의 호통이 들려 올 차례입니다. 그런데 이게 웬일입니까? 선생님께서는 야단은커녕 아주 인자한 목소리로 말씀하셨습니다.

　"프란츠야, 빨리 네 자리로 가서 앉거라. 하마터면 너를 빼놓고 수업을 시작할 뻔했구나."

　나는 얼떨떨한 기분으로 내 자리에 가서 앉았습니다. 그제서야 선생님의 옷이 여느 날과 다르다는 것을 알 수 있었습니다. 학교에 손님이 오거나 아이들에게 상을 줄 때가 아니면 입지 않는 초록색 프록 코트에다가 자잘한 주름이 잡힌 넥타이를 매고, 검정 명주로 수놓아 만든 모자까지 쓰고 계셨습니다.

　거기다가 확실히 교실 분위기가 다른 날과 달랐습니다. 내가 더 놀란 것은 교실 뒤편에 앉아 계시는 마을 어른들이었습니다. 세 뿔 돋친 모자를 쓰신 하우저르 할아버지, 전에 면장을 하셨던 어른과 전에 집배원을 하셨던 어른, 그 밖에도 많은 어른들이 교실 뒤에 슬프고 엄숙한 얼굴로 앉아 계셨습니다. 하우저르 할아버지는 <우리말 첫걸음>이란 책을 가지고 오셔서 무릎 위에 펴놓고 있었습니다.

　'도대체 무슨 일일까?'

　내가 어리둥절해하는 사이에 아멜 선생님은 교단 위에 올라섰습니다.

　"여러분!"

　아멜 선생님의 음성은 아까 나를 맞아 줄 때처럼 부드럽고 엄숙했습니다.

　"오늘의 수업이 나와 여러분의 마지막 수업입니다. 베를린에서 명령이 내려왔는데 알자스와 로렌 지방에서는 이제 더 이상 우리 프랑스 말을 배우면 안 된다고 합니다. 독일 말만을 가르치라는 명령이 내려왔습니다. 그렇기 때문에 오늘, 우리는 프랑스 국어 공부를 마지막으로 하는 겁니다."

　나는 이 몇 마디에 머리가 뒤집힐 것 같았습니다.

"내일 독일 말을 가르칠 새 선생님이 오십니다. 아무쪼록 오늘만큼은 정신을 차려 프랑스 말공부를 해 주기 바랍니다."

'아, 이럴 수가……. 저 고약한 독일 놈들! 면사무소 앞에 게시해 놓은 것이 바로 이것이었구나. 오늘이 프랑스 말의 마지막 수업! 나는 아직 제대로 쓸 줄도 모르는데 이제 다시는 프랑스 말을 배울 수 없다니……. 이대로 우리말을 모르고 있어도 된단 말인가.'

나는 그 동안의 일들이 후회되었습니다. 학교에 간다고 해 놓고 새 집을 찾아 헤맨 일, 사이르 강에서 얼음지치기를 하느라고 헛되이 보내 버린 시간들이 무척 후회되었습니다. 조금 전까지만 해도 그렇게 귀찮던 프랑스 국어 책과 <성서>같은 책들이 이제는 서로 헤어지기 싫어하는 어린 시절의 동무처럼 여겨졌습니다. 아멜 선생님에 대해서도 마찬가지였습니다.

선생님께서도 이제는 떠나시겠구나, 다시는 뵐 수 없겠구나…….

이제까지 벌을 섰던 것도 매를 맞았던 것도 모두 잊어버렸습니다.

'가엾은 우리 선생님!'

선생님께서 교회 가는 날이나 입으시는 고급 옷을 입은 것은 이 마지막 수업을 뜻 있게 하고 싶어서일 겁니다. 나는 그제서야 왜 동네 어른들이 교실 뒤에 앉아 있는지도 깨닫게 되었습니다. 아, 어른들도 프랑스 말의 마지막 수업에 참가하고 싶었던 겁니다. 그들은 좀 더 자주 학교에 나오지 못한 것을 미안해하는 것 같았습니다. 40년 동안 우리를 가르쳐 주신 선생님에 대한 감사의 표시이기도 할겁니다. 그리고 사라지려는 조국에 대한 마지막 사랑을 나타내는 거겠지요.

내가 이런저런 생각에 잠겨 있을 때, 내 이름을 부르는 선생님의 소리가 들렸습니다. 내가 외워야 할 차례입니다. 선생님이 시험을 치르겠다고 말한 것을 줄줄 소리 내어 외울 수 있다면 얼마나 좋을까요. 그러나 나는 처음부터 틀렸습니다. 너무 부끄러워서 고개를 들 수 없었습니다.

쩔쩔매는 나에게 선생님이 말씀하셨습니다.

"프란츠야, 너를 야단치지 않으마. 날마다 사람들은 이렇게 생각하지. 내일부터는 잘 해야지. 내일부터는 열심히 배울 거야. 그런데 지금 우리는 어떻게 되었니? 내일, 내일 공부를 미루어 온 게 우리에게는 큰 불행

이었다. 지금 저 독일 사람들이 우리를 보며 얼마나 비웃겠니? '뭐야, 너희들은 프랑스 말도 제대로 못 하고 제대로 쓰지도 못 하면서 프랑스를 사랑한다고? 자기네 말을 제대로 하지도, 쓰지도 못 하는 게…….' 프란츠야, 너보고만 잘못했다는 게 아니다. 따지고 보면 우리 모두의 잘못일 거야."

아멜 선생님께서는 이렇게 말씀하시고 나서 교실 안의 친구들을 다시 둘러보았습니다.

"여러분의 부모님들 역시 교육에 모든 힘을 쏟았다고는 볼 수 없습니다. 돈 몇 푼 더 벌려고 여러분에게 들일과 방직공장 일을 시켰습니다. 나 자신도 잘못이 많습니다. 공부 시간에 마당에 물을 뿌리게 했고, 은어를 낚으러 가고 싶을 때에는 제멋대로 여러분을 놀리기도 했어요."

선생님께서는 우리 프랑스 말에 대해서 말씀하셨습니다. 우리 나라의 말이 세상에서 가장 아름답고 훌륭한 말이며, 다른 민족의 노예가 되더라도 자기 나라 말만 간직하면 그것은 곧 죄수가 감옥의 열쇠를 쥐고 있는 거나 마찬가지라고 했습니다. 그렇기 때문에 어떠한 일이 있더라도 우리말을 지키고 잊지 않도록 힘써야 한다고 했습니다.

말씀을 하시고 나서 선생님은 <프랑스 말익히기> (국어 책 중의 하나) 책을 들고 오늘 배울 데를 읽어 주셨습니다. 선생님의 가르침이 어찌나 내 귀에 쏙쏙 들어오는지 나는 깜짝 놀랐습니다. 선생님이 가르쳐 주시는 것은 뭐든지 쉬워 보였습니다.

내가 그처럼 정신을 차려 들은 적도 없지만, 선생님께서도 그처럼 열심히 가르친 적은 그 동안 보지 못했습니다. 선생님께서는 우리말의 쓰임에 대해서 알고 있는 모든 것을 우리에게 가르쳐 주려는 것처럼 아주 열심히 가르쳐 주셨습니다.

말익히기 공부가 끝나고 우리는 글씨 공부를 시작했습니다. 아멜 선생님께서는 특별히 이 날을 위하여 '프랑스 알자스, 프랑스 알자스'라고 둥글고 아름다운 새 글씨본을 준비해 오셨습니다. 그것은 마치 조그만 깃발처럼 책상 위에 있는 못에 걸려, 교실 가득 펄럭이는 것 같았습니다. 모두 열심히 글씨 공부를 하느라고 교실이 얼마나 조용하던지 종이 위를 스치는 펜 소리만 들렸습니다. 풍뎅이가 교실 안으로 날아 들어와 붕붕

거렸으나 아무도 거기에 신경을 쓰는 사람이 없었습니다.

어린아이들까지도 줄긋기가 프랑스 말이라도 되는 것처럼 정성껏 줄을 긋고 있었습니다.

지붕 위에서는 비둘기들이 나지막하게 울고 있었습니다. 나는 그 소리를 들으며 혼자 중얼거렸습니다.

"저 독일 놈들은 비둘기에게도 독일 말로 울게 할까?"

나는 글을 쓰면서 아멜 선생님을 보았습니다. 선생님께서는 교단에서 꼼짝도 안 하시고 조그만 학교 건물들을 모두 눈 속에 넣고 가려는 사람처럼 창 밖의 건물들을 뚫어지게 쳐다보고 계셨습니다.

생각해 보세요. 선생님은 여기에서 40년을 보내셨습니다. 선생님 앞에 있는 마당도 교실도 그대로인 40년 동안을 여기서 아이들을 가르쳤습니다. 그 동안 많은 사람들의 손을 거쳐 간 책상이나 의자는 반들반들해졌고 호두나무는 더 넓은 그늘을 만들며 자라고, 선생님이 손수 심으신 우블롱 나무도 처마 끝까지 자라서 창문을 아름답게 장식해 주고 있습니다. 이런 모든 것들과의 작별이라니, 선생님께서는 얼마나 가슴이 아프겠습니까? 그리고 이층에서 이삿짐을 싸느라 왔다 갔다 하시는 누님의 발자국 소리를 듣는다는 것은……. 이제 내일이면 선생님께서는 영원히 이 곳을 떠나시는 겁니다.

그렇지만, 선생님께서는 끝까지 우리들에게 글을 가르쳐 주시고 글씨 쓰기를 가르치고 프랑스 역사를 가르치셨습니다. 이어서 아이들은 '바, 베, 비, 보, 뷰' 하는 글자 공부 노래를 했습니다.

저기 교실 뒤에서는 안경을 쓰신 하우저르 할아버지께서 <아베세 첫 걸음>을 두 손에 들으시고, 아이들을 따라 한 자 한 자 읽어 나갔습니다. 너무도 열심히 하셔서 그 목소리는 떨리기까지 하였습니다. 그 목소리는 조금 우스꽝스럽게도 들렸지만 아무도 웃지 않았습니다.

아! 나는 정말이지 이 마지막 수업을 언제까지고 잊지 못할 겁니다.

갑자기 교회의 시계가 정오를 알렸습니다. 정오는 기도를 하는 시간이기도 합니다. 그와 동시에 훈련을 하고 돌아가는 프로이센 병정들의 나팔 소리가 아주 선명하게 우리들의 창 밖에서 울려 왔습니다. 순간 아멜 선생님의 얼굴이 파랗게 질리셨습니다.

우리는 모두 숨을 죽이고 선생님을 보았습니다. 선생님의 모습이 그렇게 거룩해 보인 적이 없습니다.
"여러분……."
선생님께서는 입을 여셨습니다.
"여러분, 난……, 난……."
선생님께서는 입을 여셨지만 숨이 막히시는지 말을 잇지 못하셨습니다. 그러더니 분필 하나를 쥐고 돌아서셨습니다. 선생님은 칠판에다 될 수 있는 대로 커다랗게, 정성과 힘을 다해 글을 쓰기 시작했습니다.
프랑스 만세!
글씨를 다 쓰신 선생님은 몸을 벽에 의지한 채 손을 내저었습니다.
"모두 끝났다……. 이제 돌아가거라."

(3723자)

소요시간	1독		2독		3독	
	분	초	분	초	분	초

지문 기억 및 이해도 측정문제(마지막 수업)

1. 프란츠는 학교가기가 왜 싫었습니까?
   ① 수학공부가 싫어서다
   ② 선생님이 매를 들기 때문이다
   ③ 시험공부를 하지 않았기 때문이다
   ④ 들판을 쏘다녔기 때문이다
   ⑤ 아버지가 학교에서 기다리고 있기 때문이다

2. 선생님이 초록색 프록코트를 입으시는 때는 언제입니까?
   ① 매일 입는다
   ② 상을 줄 때 입는다
   ③ 학교에 손님이 오실 때 입는다
   ④ 아이들에게 훈시할 때 입는다
   ⑤ 여름에만 입는다

3. '프란츠'가 교실에 들어갔을 때 없었던 사람은 누구입니까?
   ① 하우저르 할아버지
   ② 전 면장
   ③ 전 집배원
   ④ 아멜 선생님
   ⑤ 시장님

4. 프랑스어를 못하게 된 이유는 무엇입니까?

5. 아멜 선생님은 그 학교에서 몇 년 동안 아이들을 가르쳤습니까?
   ① 10년
   ② 20년
   ③ 30년
   ④ 40년
   ⑤ 50년

6. 풍뎅이가 교실 안으로 들어왔을 때 아이들은 어떻게 했습니까?

7. 우블롱 나무는 누가 심었습니까?

8. 교회의 시계가 정오를 알리고 프로이센 병정들의 나팔소리가 들릴 때 선생님의 얼굴이 어떻게 되었습니까?

9. 프란츠는 그 동안 공부를 소홀히 한 것에 대해 어떻게 생각하고 있습니까?

10. 선생님은 마지막 수업을 마치면서 칠판에 무어라고 썼습니까?

소요시간		1분당 읽은 글자수	이 해 도	1분당 독서능력
분	초			

크리스마스 선물

   1달러 87센트가 갖고 있는 돈의 전부였다. 이 중에서 60센트는 1센트 짜리 동전들이었다. 1센트 짜리들은 그 동안 야채 가게나 식료품 가게, 정육점에서 물건을 살 때마다 지독하다는 소리를 들어가며 값을 깎아 한 푼 두 푼 모은 돈들이었다.
   델라는 세 번이나 돈을 세어 보았다. 역시 1달러 87센트였다.
   '내일은 크리스마스인데……'
   델라는 낡고 초라한 소파에 털썩 주저앉으며 울고 말았다. 인생이란 기쁨보다 슬픔이 더 많다는 말을 되뇌이며 서럽게 서럽게 울었다.
   실컷 울고 나서 델라는 방안을 천천히 둘러보았다.
   일 주일에 8달러를 집세로 내는 가구 딸린 아파트……. 구걸할 정도는 아니지만 누가 봐도 가난한 살림이었다.
   아래층 현관에는 한 번도 편지가 온 적이 없는 우편함이 있고, 한 번도 쓰지 않은 초인종이 있다. 그 옆에는 '제임스 딜링검 영'이라는 집주인의 문패가 달려 있다.
   집주인인 제임스 딜링검 영이 일 주일에 30달러씩이나 벌어들일 때는 그 문패도 제법 그럴 듯해 보였다. 그런데 수입이 일 주일에 20달러로 줄어든 요즘 이상하게도 그 문패는 스스로 빛나는 게 아니고 괜히 잘난 척하는 듯 보였다.
   그러나 제임스 딜링검 영이 일 주일에 20달러를 받든 30달러를 받든 늘 반갑게 그의 이름을 불러 주는 사람은 그의 부인 델라였다. 비록 가난한 살림이지만 그것은 아름다운 모습이었다. 남편이 오면 델라는 언제나 상냥한 음성, 존경이 담뿍 담긴 목소리로 '짐!'하고 부른다.
   소파에 앉아 눈물을 흘리던 델라는 울음을 그치고 화장을 고쳤다. 그리고 창가에 서서 고양이를 보았다. 그 잿빛 고양이는 뒷마당의 담장 위를 천천히 걷고 있었다.
   '내일이 크리스마스인데, 짐에게 줄 선물을 살 돈이 1달러 87센트밖에 없다니. 선물을 사려고 몇 달 동안 절약해서 모은 것인데……'

그렇게 절약을 했는데도 일 주일에 20달러의 수입으로는 어쩔 수가 없었던 것이다.

'1달러 87센트로 무엇을 살 수 있을까? 사랑하는 짐이 좋아하는 것을 살 수 있다면 좋을 텐데…….'

델라는 짐에게 어울리는 이런저런 선물들을 생각해 보았다. 생각하는 것만으로도 즐거웠다.

방의 창과 창 사이에는 거울이 있다. 일 주일에 집세가 8달러인 아파트에 흔히 붙어 있는 초라한 벽 거울이었다. 델라는 거울에 자신의 야윈 모습을 비추어 보았다. 잘 빗어 묶어 올린 머리채도 보였다.

그러다가 델라는 거울 앞에서 물러났다. 무엇을 생각했는지 델라의 얼굴이 갑자기 창백해졌다. 묶어서 올렸던 머리를 풀어 헤쳤다. 머리는 물결처럼 출렁거렸다. 길고 탐스러운 머리였다.

제임스 딜링검 영 부부가 자랑으로 여기는 것은 두 가지였는데 그 하나는 남편의 금시계였다. 그것은 할아버지 때부터 물려 내려온 것으로 아주 자랑스런 시계였다. 또 하나는 아내인 델라의 아름다운 머리였다.

만일 시바의 여왕이 건너편 아파트에 살아서 머리를 말리려고 창 밖으로 길게 늘어뜨린 델라의 머리를 보았다면 여왕은 자신의 보석이나 보물들이 보잘 것 없다고 느꼈을 것이다.

또 솔로몬 왕이 아무리 지하실에 값진 것들을 가득 쌓아 놓았다고 하더라도 짐이 금시계를 꺼내 보인다면 부러워서 어쩔 줄을 몰라 했을 것이다.

지금 델라의 머리카락은 갈색 폭포처럼 눈부시게 흘러내리고 있다. 머리채가 무릎 아래까지 내려와 긴 드레스처럼 보이기도 한다.

델라는 재빨리 머리를 땋아 올렸다. 낡아빠진 붉은 융단 위로 눈물이 뚝뚝 떨어졌다.

델라는 낡은 갈색 외투를 걸치고 역시 낡은 갈색 모자를 쓰고 집을 나섰다. 스커트 자락이 바람에 펄럭거렸다.

'마담 소프로니 - 가발의 모든 것.'

델라는 가발 가게 계단 앞에 멈추어 섰다. 델라는 계단을 단숨에 뛰어 올라가 숨을 몰아 쉬었다. 몸집이 크고 살결이 하얀 주인 마담은 쌀쌀맞은 인상을 하고 있었다. '소프로니'(우아하고 아름다운 사람을 이르는 말)라는 가게 이름과는 어울리지 않는 주인이었다.

"제 머리카락을 사실래요?"

하고 델라가 말했다.

"물론 사지요."

마담은 쌀쌀하고 무뚝뚝하게 말했다.

"모자를 벗고 머리를 보여 주세요."

"20달러 드리지요."

마담은 익숙하게 긴 머리채를 들어올리며 말했다.

"지금 주세요. 급해요."

돈을 받고 가발 가게를 나온 델라는 마치 장미빛 날개를 달고 날고 있는 것 같았다. 델라는 짐을 위해 이 가게 저 가게를 돌며 선물을 고르는 시간이 너무 행복했다.

"오, 바로 저거야!"

델라는 마침내 마음에 꼭 드는 선물을 찾아내었다.

'저건 짐을 위해 만들어진 물건 같아. 짐에게 딱 어울리는 선물이야.'

그 동안 두어 시간 돌아다녔지만 저런 물건은 없었다. 디자인이 깨끗하고 고급스러워 보이는 백금 시계 줄. 좋은 물건이란 원래 호화스럽게 장식하지 않는 법이다. 품질 그 자체만으로도 값진 물건이 되는 것이다. 델라는 그걸 알고 있었기에 그 물건이 마음에 쏙 들었다.

'품위도 있고 고급스러워 보이는 걸!'

델라는 시계 줄 값으로 21달러를 내었다. 87센트는 그대로 남겨 급히 집으로 돌아왔다.

'짐의 금시계에 이 줄을 단다면 짐은 어디서나 자랑스럽게 시계를 볼 수 있을 거야. 지금 있는 가죽끈은 금시계에 어울리지 않아. 그래서 짐이 남몰래 시계를 꺼내 볼 때마다 마음이 아팠어.'

집에 도착한 델라는 비로소 흥분을 가라 앉혔다. 머리를 다듬는 헤어 아이언을 꺼내 가스에 불을 붙이고 머리를 손질하기 시작했다. 40분쯤 지나자 델라의 머리는 짧은 곱슬머리가 되었다. 꼭 개구쟁이 초등 학생 같았다.

델라는 거울에 비친 낯선 모습을 쳐다보며 혼자 중얼거렸다.

"짐이 나를 보자마자 기겁을 하겠지……. 설마 죽이려 들진 않겠지만 틀림없이 코니아일랜드(뉴욕에 있는 오락의 중심지)의 합창단에서 노래하고 춤추는 여자 같다고 할거야. 하지만 잘했어. 1달러 87센트로는 아무 선물도 살 수 없었을 테니까."

7시가 되었다. 델라는 커피를 끓여 놓고 프라이팬은 금방이라도 요리를 할 수 있게 달구어 놓았다. 조금 있으면 짐이 들어올 것이다. 그는 늦게 오는 일이 없었다. 델라는 시계 줄을 반으로 접어 손에 꼭 쥐고 현관 가까이 있는 테이블 끝에 걸터앉았다. 드디어 아래층 계단을 올라오는 짐의 발자국 소리가 들렸다.

"오, 제발……. 하느님, 짐이 저를 예쁘게 볼 수 있도록 도와주세요."

델라는 아주 작은 일에도 기도하는 습관을 지니고 있었다.

문이 열리고 짐이 들어왔다. 어쩐지 몹시 피곤해 보였다. 가엾게도 그는 스물 두 살인데 벌써 한 가정을 책임지고 있었던 것이다. 곧 추위가 닥칠 텐데도 남편은 외투는커녕 장갑조차 장만하지 못한 채였다.

집 안으로 들어온 짐은 마치 사냥감의 냄새를 맡는 사냥개처럼 꼼짝도 하지 않았다. 그의 눈길은 델라에게 못 박혀 있었다. 이해할 수 없다는 얼굴이었다.

델라는 그의 침묵이 두려웠다. 남편의 표정은 화냄도 놀람도 아니고 비난이나 공포도 아니었다. 델라가 염려하고 각오했던 그 어떤 것하고도 다른 모습이었다. 델라는 더 이상 참지 못하고 비틀거리며 남편에게 다가갔다.

"짐!"

델라는 어느 새 울먹이고 있었다.

"제발 여보, 그런 눈으로 보지 말아요. 당신에게 선물도 못한 채 크리스마스를 보낸다는 게 너무 고통스러웠어요. 그래서 머리를 잘라 팔았어요. 머리는 또 자라면 되니까요. '메리 크리스마스!'라고 말해 주세요. 우리 즐겁게 지내요. 당신은 제가 얼마나 멋진 선물을 사 왔는지 모르잖아요. 제발 화 내지 마세요."

"머리를 잘라서 팔았다고?"

남편은 아직도 믿을 수 없어 하는 얼굴이었다.
"짐, 제 모습은 변했지만 당신은 여전히 저를 사랑하시죠? 머리카락을 잘랐지만 전 변함없는 델라예요."
"당신의 그 길고 아름다운 머리가 없어져 버렸다고?"
짐은 마치 넋 나간 사람처럼 중얼거렸다.
"여보, 왜 자꾸 그러세요? 제 머리는 이미 팔아버린 걸요. 오늘밤은 크리스마스 이브예요. 저에게 정답게 대해 주세요. 당신을 위해서 판 거예요. 아마 내 머리카락은 하느님이 낱낱이 세어 주셨을 거예요."
델라는 잠깐 말을 멈추더니 갑자기 소리를 낮추어 속삭이듯이 말했다.
"하지만 당신을 향한 나의 사랑은 어느 누구도 셀 수 없어요. 고기를 프라이팬에 올려놓을까요?"
그 때, 짐은 제 정신이 드는지 델라를 꼭 껴안았다.
짐은 주머니에서 선물 꾸러미를 꺼내 테이블 위에 놓았다.
"델라, 오해하지 마. 당신의 머리가 짧아졌다고 해서 내가 당신을 사랑하지 않는다는 것은 말도 안 돼! 하지만 그 꾸러미를 풀어 보면 내가 왜 그렇게 정신을 차릴 수 없었는지 알 수 있을 거야."
델라의 하얀 손이 재빨리 꾸러미를 풀었다.
"어머!"
황홀한 외침이었다. 그것은 머리 핀 세트였다. 델라가 아주 오래 전부터 갖고 싶어했던 것이었다. 브로드웨이 선물 가게에 진열되어 있던 가로 핀과 세로 핀이 한 쌍인 세트였다. 가장자리를 멋지게 장식한 진짜 아름다운 고급 머리핀이었다. 너무 비싸서 그냥 가져 보았으면 하고 생각만 했었던 그 머리핀이었다. 그런데 막상 그걸 받았지만 머리카락이 짧아져서 소용없게 되어 버린 것이었다.
마침내 델라는 떨리는 손으로 그것을 가슴에 꼬옥 안았다. 그녀는 눈물이 가득한 눈으로 그러나 애써 미소를 지으며 말했다.
"짐, 제 머리는 빨리 자라요. 고마워요."
그리고 나서 델라는 갑자기 생각이 난 듯 소리쳤다.
"어머, 내 정신 좀 봐!"
짐은 그 때까지 자기가 받을 귀한 선물을 보지 못한 상태였다. 델라는 자기가 준비한 선물을 손바닥 위에 올려놓고 짐 앞으로 살짝 내밀었다. 고급스러워 보이는 백금 시계 줄은 델라의 뜨거운 사랑과 함께 더욱 빛나는 듯 했다.

"짐, 어때요? 모든 가게를 돌아다니며 구한 선물이에요. 이제는 하루에 백 번이라도 시계를 꺼내 마음대로 시간을 볼 수 있어요."

그러자 짐은 느닷없이 침대로 벌렁 드러누우며 이마를 치더니 너털웃음을 터뜨렸다.

"델라! 우리 크리스마스 선물을 잠시 간직해 두기로 해요. 지금 당장 쓰기에는 너무 고급스러워. 당신 머리핀을 사려고 그 시계를 팔았어. 자, 이제 고기를 불에 올려놓읍시다."

(3354자)

소요시간	1독		2독		3독	
	분	초	분	초	분	초

지문 기억 및 이해도 측정문제(크리스마스 선물)

1. 델라가 절약해서 모은 돈은 얼마나 되었습니까?
   ① 1달러 87센트
   ② 2달러 87센트
   ③ 3달러 87센트
   ④ 4달러 87센트
   ⑤ 5달러 87센트

2. 델라는 무엇을 하기 위해 돈이 필요했습니까?
   ① 강아지를 사려고
   ② 짐의 선물을 사기 위해
   ③ 아버지 생신 선물을 하려고
   ④ 친구에게 선물하기 위해서
   ⑤ 고양이를 사려고

3. 델라가 산 선물은 무엇이었습니까?
   ① 마후라
   ② 넥타이
   ③ 만년필
   ④ 시계 줄
   ⑤ 인형

4. 델라는 머리를 어떤 방법으로 말렸습니까?
   ① 드라이로 말렸다
   ② 선풍기로 바람에 말렸다
   ③ 불로 말렸다
   ④ 창 밖으로 머리를 길게 늘어뜨려 말렸다
   ⑤ 폭포수 밑에서 말렸다

5. 가발 가게에서 델라의 머리를 얼마에 샀습니까?
   ① 10달러
   ② 20달러
   ③ 30달러
   ④ 40달러
   ⑤ 50달러

6. 짐을 위해 델라는 어떤 선물을 샀습니까?

7. 짐이 사 온 선물은 무엇이었습니까?

8. 짐은 무엇을 팔아 델라의 선물을 샀나요?

9. 제임스 딜링검 영 부부가 자랑으로 여기는 두 가지를 쓰세요

10. "크리스마스 선물"을 읽고 여러분이 사랑에 대해 느낀 점을
    적어 보세요

소요시간	1분당 읽은 글자수	이 해 도	1분당 독서능력
분 초			

마지막 잎새

　워싱턴 광장 서쪽에 조그만 마을이 있었다. 이 마을의 길들은 제멋대로 뻗어 있어서 집 찾기가 여간 어렵지 않았다. 길을 따라가다 보면 처음 출발했던 자리로 되돌아오는 경우도 있을 만큼 길들이 제멋대로였다.
　어떤 화가 한 사람이, 빚쟁이들이 왔다가 집을 찾지 못하고 같은 곳만 빙빙 돌다가 그냥 갈 거라고 생각할 만큼, 길이 복잡하게 뒤엉켜 있었다. 그 곳에 사는 가난한 화가들은 그림 물감, 캔버스 같은 것을 외상으로 가져다가 그림을 그리고 있었다.
　가난한 화가들은 방 값이 싼 곳을 찾아 헤매다가 이 그리니치 마을에 모여들기 시작하였다. 얼마 되지 않아서 이 그리니치 마을은 화가들의 마을이 되고 말았다.
　수와 존시가 함께 그림을 그리는 작업실은 3층 벽돌집 꼭대기에 있었다. 두 사람은 8번가의 어느 식당에서 점심을 먹다가 처음으로 인사를 나누었다. 우연히 만난 그들은 예술뿐만 아니라, 샐러드를 좋아하는 것에서부터 작업복에 대한 취향까지 서로 비슷한 점이 많다는 것을 알았다.
　두 사람은 작업실을 같이 쓰기로 하고 방 하나를 얻어 공동 화실을 만들었다. 그 때가 5월이었다.
　그 해 11월, 폐렴이 눈에 보이지 않는 손님처럼 이 마을을 찾아들었다. 폐렴은 얼음같이 싸늘한 손가락을 이 사람 저 사람에게 갖다 대었다. 폐렴은 특히 가난한 사람을 찾아다니며 그들의 목숨을 빼앗아 가기 시작했다.
　처음에는 이 무서운 폐렴도 이 복잡한 거리를 어쩌지 못하고 슬쩍 지나쳐 가는 것 같았다. 그러나 그게 아니었다. 캘리포니아의 따뜻한 분위기에서 자란 존시를 폐렴은 용케도 찾아내어 그녀에게 덤벼들었다. 존시는 폐렴에 걸려 페인트칠을 한 쇠 침대에 누워지내야 했다. 그녀는 자기 방의 조그만 창 너머로 보이는 이웃집의 벽을 보며 지루한 하루하루를 보내고 있었다.
　어느 날 아침이었다. 존시를 치료하기 위해 찾아온 의사가 수를 복도로 불러내었다.

"존시가 일어날 가망은 10퍼센트도 되지 않아요."

의사는 손에 쥔 온도계를 흔들며 말했다.

"그 10퍼센트도 존시가 살아야겠다는 희망을 가져야 사는 거지, 나는 죽을 거야 하는 절망적인 생각을 가진다면 아무리 좋은 약을 먹여도 소용없는 일이 되고 말아요. 그런데 존시는 지금 자기 병이 낫지 않을 거라고 생각하고 있는 것 같아요. 혹시 저 친구에게 무슨 고민이라도 있나요?"

"존시는 이탈리아에 있는 항구 도시 나폴리를 그리고 싶다고 했어요."

수는 힘없이 말했다.

"그림이라구요? 그것 말고 다른 고민은 없나요? 뭐 애인이라든가……."

"선생님, 존시에게는 그런 사람이 없어요."

"그렇습니까? 그렇다면 힘들겠는데요. 애인이 있어서 힘이 되어 주면 좋겠는데. 내 힘닿는 데까지 치료해 보리다. 하지만 환자가 스스로 죽을 것이라고 생각한다면 좋은 약을 먹어도 약효가 반으로 줄어들지요. 희망을 가질 수 있는 대화를 나누도록 해요. 만약 저 아가씨와 함께 올 겨울에 어떤 겨울 외투가 유행할까 하는 이야기를 할 수 있다면, 그래서 저 아가씨가 빨리 나아서 나도 그 외투를 입어야겠다는 희망을 가진다면 회복될 가능성은 10퍼센트가 아니라 20퍼센트로 증가할 겁니다. 내가 장담합니다."

의사가 돌아간 뒤 수는 작업실로 들어가 냅킨이 흠뻑 젖을 정도로 울었다. 그런 다음 그녀는 화판을 들고 존시의 방으로 갔다. 그녀는 일부러 명랑한 얼굴에다가 휘파람까지 불며 존시에게로 갔다.

수가 휘파람까지 불면서 들어갔지만 존시는 창을 향해 돌아누운 채 꼼짝도 하지 않았다. 수는 존시가 자는 줄 알고 휘파람 부는 것을 그만 두었다.

수는 화판을 펼쳐 놓고 그림을 그리기 시작했다. 어느 잡지에서 부탁한 소설의 삽화였다.

수가 그림에 열중하고 있을 때였다. 존시의 침대 쪽에서 중얼거리는 소리가 들려 왔다. 수는 그림 그리는 것을 멈추고 얼른 침대로 갔다.

존시는 힘없이 창 밖을 보며 중얼거렸다.

"열둘……."

"열하나······."

"열······아홉······여덟······일곱······."

존시는 창 밖을 보며 수를 세고 있었다. 그것도 거꾸로 였다.

수는 걱정스런 눈길로 존시가 보는 창 밖을 보았다. 존시는 도대체 무엇을 세고 있는 것일까. 보이는 것은 쓸쓸한 마당과 6미터쯤 떨어진 벽의 벽돌뿐이었다. 그 벽에는 창이 없었다. 다만 아주 오래 된 담쟁이덩굴이 그 벽의 중간 지점까지 타고 올라가 있을 뿐이었다. 차가운 가을 바람이 불어 와 덩굴 줄기에 붙어 있던 잎들은 하나 둘 떨어져 나가고 앙상한 가지만이 낡은 그물처럼 벽돌에 붙어 있었다.

"존시, 너 지금 뭐 하고 있니?"

수가 물었다.

"여섯."

수의 물음에 대답하지 않고 존시는 혼자 중얼거리듯 말했다.

"이젠 점점 빨리 떨어져. 사흘 전에는 백 개 정도나 붙어 있었어. 그 때는 너무 많아서 다 세려면 골치가 아플 정도였단다. 이제는 몇 개 안 남았어. 저것 봐, 또 하나 떨어지잖아. 이젠 다섯 개밖에 안 남았어."

"뭐가 다섯 개란 말이니? 도대체 뭘 보고 그러니?"

"담쟁이덩굴에 붙은 잎새 말이야. 마지막 하나가 떨어질 때 나도 이 세상에서 사라지게 될 거야. 사흘 전부터 그런 생각이 들었어. 의사 선생님이 그러지? 나, 오래 살지 못한다고······. 그렇지? 의사 선생님이 그랬지?"

"존시, 그게 무슨 소리야? 너하고 저 담쟁이덩굴하고는 아무 관계가 없어. 넌 저 담쟁이덩굴을 아주 좋아했잖아? 그런 생각하지마. 오늘 아침에 의사 선생님이 넌 낫는 댔어. 병이 나을 가능성이 90퍼센트랬어. 그러니 수프도 좀 먹고 그래. 그렇게 힘없이 누워 있지만 말고."

"난 이제 수프 같은 건 먹고 싶지도 않아. 수, 저것 봐. 또 하나가 떨어졌어. 이제 남은 잎사귀는 네 개 뿐이야. 어두워지기 전에 마지막 잎새가 떨어지는 것을 보고 싶어. 그걸 보면서 나도 이 세상을 떠나고 싶어. 마지막 잎새와 함께."

"존시! 제발 그러지마. 넌 살 수 있어."

수는 존시에게 몸을 구부려 안타깝게 말했다.

"존시, 내가 그림을 끝낼 때까지 만이라도 창 밖을 보지 말고 눈을 감고 있어 줘. 나 빨리 그림을 그려야 하는데 네가 자꾸 그런 소리를 해서 그림을 그릴 수가 없어. 빨리 그려서 내일까지는 넘겨야 해. 어두워지면 그릴 수가 없어. 네가 계속 담쟁이 잎새를 보면 창문의 차양을 내려 버릴 거야."

"수, 다른 방에서 그리면 안 되겠니?"

존시는 쌀쌀하게 말했다.

"네 곁에 있고 싶어서 그래. 그리고 존시, 네가 저 담쟁이 잎새를 바라보고 있는 게 싫어. 제발 그러지마."

"알았어. 눈을 감고 있을 테니까 다 그리거든 말해 줘."

존시는 할 수 없다는 듯이 눈을 감았다. 눈을 감은 존시는 조각품처럼 핏기가 하나도 없었다. 그녀는 혼자 중얼거리는 것처럼 말했다.

"나는 마지막 잎새가 떨어지는 것을 보고 싶어. 이제는 병과 싸우는 것도 지쳤어. 아무 생각도 하고 싶지 않아. 더 이상 살고 싶지 않아. 아무 미련 없이 이 세상을 떠나고 싶어. 저 가엾은 담쟁이처럼 떠나고 싶어."

"제발 그런 생각일랑 하지 말고 잠이라도 자. 난 아래층으로 내려가서 베르만 씨를 불러 와야겠어. 외톨이가 되어 살아가는 늙은 광부의 모습을 그려야 하는데 모델이 필요해. 베르만 씨에게 모델이 되어 달라고 해야겠어. 다녀올 테니 자고 있어."

아래층에 사는 베르만 노인은 예순 살이 넘은 실패한 화가였다. 미켈란젤로가 그린 모세의 수염과 같이 곱슬곱슬한 수염이 조그만 얼굴을 뒤덮고 있는 노인이었다.

그는 40년 넘게 그림을 그리며 위대한 화가를 꿈꾸고 있었지만 자신이 원하는 작품을 그려 내지 못하고 있었다. 금방이라도 걸작을 그릴 것처럼 말했지만 요 몇 년 동안 노인은 그림다운 그림을 그리지 못하고 있었다. 그림이라고 해 봐야 겨우 광고 그림 몇 점을 그것도 아주 서툴게 그렸을 뿐이었다.

베르만 노인은 젊은 화가들의 모델로 일하기도 하며 겨우겨우 살아가고 있었다. 그는 술을 많이 마시는 편이었는데 술만 마시면 앞으로 그리게 될 걸작에 대해서 떠벌리듯이 말했다. 성격이 괴팍하고 몸집도 작은 노인이었지만 마음이 약한 사람을 보면 아주 질색을 해서 평소의 그답지 않게 몹시 꾸짖곤 했다. 같은 건물에 사는 위층의 젊은 화가, 수와 존시도 자기가 지켜 줘야 한다고 생각하는 노인이었다.

수가 노인을 찾아갔을 때 노인은 어둠침침한 자기 방에 앉아있었다. 언제 마신 술인지 방은 온통 술 냄새로 꽉 차 있었다. 캔버스에는 아무 것도 그려져 있지 않았다. 25년 동안 빈 채로 놓여 있는 캔버스였다.

"존시가 마음이 너무나 약해져서 금방 죽을 것만 같아요."

수가 걱정스러운 얼굴로 노인을 바라보며 말했다.

"그게 도대체 무슨 소리야?"

노인은 버럭 소리를 질렀다.

"글쎄, 담쟁이 잎새가 다 떨어지고 나면 자기도 죽을 것 같다고 하며 담쟁이 잎만 세고 있어요. 마지막 잎이 질 때 자기도 죽을 거라면서요."

"이런 바보들. 왜 존시가 그런 생각을 하도록 지금까지 내버려 둔 거야? 둘 다 바보 같아. 난 아가씨 같은 바보의 모델은 되고 싶지 않아. 오, 불쌍한 존시."

"그 애는 지금 몸과 마음이 너무 약해졌어요. 열이 높아서 머리까지 이상해졌나 봐요. 그러니까 자꾸 그런 생각을 하는 걸 거예요. 할아버지, 모델이 되고 싶지 않다면 안 하셔도 좋아요. 그렇지만 할아버진 정말 변덕쟁이에요."

"모델을 하지 않겠다는 소리는 안 했어. 자, 가보자고. 난 기꺼이 모델이 되려고 생각하고 있었어. 이 가난한 동네는 존시와 같이 착한 아가씨가 병들어 누워 있을 곳이 못 돼. 내가 걸작을 그리게 되면 우리 이 가난한 동네를 떠나자고. 자, 어서 가 보자."

두 사람이 올라갔을 때, 존시는 잠들어 있었다. 두 사람은 창가에 서서 쓸쓸한 얼굴로 창 밖을 보았다. 담쟁이 잎새 몇 개가 진눈깨비를 맞고 있었다.

베르만 노인은 낡은 감색 셔츠를 입고 바위 대신 엎어놓은 큰솥 위에 걸터앉아 늙은 광부의 자세를 취했다.

밤새 그림을 그린 수는 새벽에야 잠깐 눈을 붙일 수 있었다. 수가 눈을 떴을 때, 존시는 힘없는 눈으로 창을 보고 있었다. 녹색 차양이 무겁게 내려져 있는 창을 존시는 하염없이 바라보고 있었다.
"수, 차양을 올려 줘. 밖을 보고 싶어."
존시가 애원하듯 말했다.
'밤새 바람이 불었으니까, 담쟁이 잎새는 모두 떨어지고 말았을 거야.'
수는 두려운 생각 때문에 차양을 올리고 싶지 않았지만 어쩔 수 없었다.
그런데 이게 어찌 된 일일까. 그렇게 심한 바람이 불었는데도 담쟁이 덩굴에는 잎새 하나가 붙어 있었다. 마지막 잎새였다. 마르고 바스라져 볼품없는 누런 빛깔의 잎새는 땅 위 몇 미터쯤 떨어져 있는 줄기에 꼭 매달려 있었다.
"마지막 잎새야!"
존시는 힘없이 말했다.
"수, 틀림없이 모두 떨어져 버렸을 거라고 생각을 했어. 바람 소리가 심했거든. 지난밤에는 용케 붙어 있었지만 오늘은 떨어질 거야. 그럼 나도 함께 가는 거야."
"존시, 제발 그런 소리 하지 마. 저 담쟁이와 너는 아무 관계가 없어. 나를 생각해서라도 그런 소리는 하지 마. 존시, 기운을 내. 넌 살 수 있어."
존시는 대답하지 않았다.
입을 다물어 버린 존시의 얼굴은 먼 곳으로 떠날 준비를 하는 사람처럼 아주 쓸쓸해 보였다. 수가 우정어린 마음으로 힘을 북돋워 주려 하지만 존시는 수의 말을 듣지 않고 창 밖만 보고 있었다. 마치 마지막 잎새가 떨어지기를 기다리는 사람처럼 보였다.
다시 밤이 돌아오고 북풍이 창을 흔들기 시작했다.
바람이 심하게 불던 긴 밤이 지나고 아침이 왔다.
"수, 차양을 올려 줘."
차양을 올리는 수의 손이 떨렸다.
"존시, 저것 봐. 담쟁이 잎새가 바람을 이겨내고 붙어 있어!"
"정말!"
존시는 한참 동안이나 창 밖의 담쟁이 잎새를 보았다. 그러더니 가스 스토브에서 닭고기 수프를 끓이고 있는 수를 불렀다.

"수, 내가 잘못 생각했어. 저 마지막 잎새는 내가 얼마나 바보 같은 지를 가르쳐 주고 있어. 내게 그걸 깨닫게 하려고 마지막 잎새가 남아 있는 것 같아. 죽으려고 생각한 내가 바보야. 이제 수프를 먹고 기운을 차리고 싶어. 우유에 포도주를 조금 넣은 것도 주겠니? 그리고 거울도 좀 줘. 수, 나 좀 일어나 앉게 베개를 좀 받쳐 줘. 난 이제 기운을 차려서……. 앞으로 나폴리 항구도 그릴 거야."

그 날 오후에 의사가 존시를 살펴보러 왔다. 의사는 좋아진 존시를 보고 깜짝 놀라는 눈치였다. 의사는 수를 복도로 불러내어 조용히 말했다.

"이제 존시는 살아날 것 같소. 상당히 좋아졌어요. 아 참, 아래층에 사는 베르만이라는 노인 알지요? 화가인 것 같던데. 폐렴에 걸렸어요. 노인이라 그런지 갑자기 상태가 나빠졌어요. 오늘 입원했는데 일어날 가망은 없을 것 같아요. 자, 갑니다. 내일 올게요."

이튿날 의사는 환한 얼굴로 존시가 위험한 고비를 넘겼다고 알려 주었다.

"안정을 취하고 영양만 잘 섭취하면 되겠어요. 그 동안 수고했어요."

그 날 오후였다. 털실로 뜨개질을 하는 존시에게 수가 말했다.

"존시, 베르만 할아버지가 어제 세상을 떠났대. 폐렴으로 앓은 지 이틀 만에 돌아가셨대. 병이 난 날 아침에 관리인이 처음 발견했는데, 글쎄 그 방에 가 보았더니 구두도 옷도 비에 흠뻑 젖어 있고 몸은 싸늘하게 식어 있더래. 수, 그렇게 비바람 치는 날씨에 무슨 일을 한 것 같니? 놀라지 마. 벽에 매달려 있는 저 마지막 잎새는 베르만 할아버지가 그린 거였어. 불이 켜진 채 놓여 있는 손전등과 붓과 팔레트도 발견되었어. 저것 봐, 바람이 불어도 끄떡없이 매달려 있는 저 마지막 잎새가 이상하지 않니? 저건 베르만 할아버지가 그린 걸작이야. 마지막 잎새가 떨어지던 날 할아버지가 대신 저렇게 그려 놓은 거야. 비를 맞으며……."

(4468자)

소요시간	1독		2독		3독	
	분	초	분	초	분	초

지문 기억 및 이해도 측정문제(마지막 잎새)

1. 가난한 화가들이 모여 사는 그리니치 마을의 도로구조는 어떻게 되었습니까?
   ① 번지별로 잘 정리 되어있다
   ② 집 찾기가 아주 쉬웠다
   ③ 복잡하게 뒤엉켜 있었다
   ④ 차 다니기에 편하다
   ⑤ 계획된 도시다

2. 화가 '수와 존시'에 대한 설명 중 틀린 것은?
   ① 작업실은 7층 벽돌집 꼭대기다
   ② 둘 다 샐러드를 좋아한다
   ③ 작업복에 대한 취향이 같다
   ④ 공동화실을 만들었다
   ⑤ 예술 취향이 같다

3. 의사는 폐렴을 앓고 있는 존시가 살 수 있는 희망이 몇 %라고 했는가?
   ① 10%
   ② 30%
   ③ 50%
   ④ 70%
   ⑤ 90%

4. '존시'는 무엇과 함께 자기 생명이 끝난다고 생각하나요?

5. '베르만'씨는 직업이 무엇인가요?
   ① 작가
   ② 연출가
   ③ 상업인
   ④ 배우
   ⑤ 화가

6. '베르만'씨와 '수'가 올라갔을 때 담쟁이 잎새는 얼마나 남아 있었습니까?

7. '존시'는 바람이 심하게 분 다음날에도 마지막 잎새가 떨어지지 않은 것을 보고 어떻게 했습니까?

8. '베르만'씨는 무슨 병으로 돌아 가셨습니까?

9. 마지막 잎새는 누가 그린 것입니까?

10. 이 글에서 우리는 무엇을 배웠습니까? 느낀 대로 쓰세요?

소요시간	1분당 읽은 글자수	이 해 도	1분당 독서능력
분 초			

거인과 꼬마

　어느 마을에 덩치가 아주 큰 거인이 살고 있었습니다. 거인은 성처럼 아주 넓은 집에서 살고 있었습니다. 그 집은 넓고 나무들이 많아서 마을 아이들의 좋은 놀이터가 되었습니다.
　날이 좋은 날이면 거인의 집에선 늘 아이들의 웃음소리가 들려 왔습니다. 넓은 잔디밭을 강아지처럼 뛰어다니며 노래하는 아이들, 꽃들이 피어 있는 나무들 사이에서 나비처럼 돌아다니는 아이들, 그뿐이 아니었지요. 아이들을 따라 온 강아지들의 멍멍거리는 소리, 그리고 새들이 지저귀는 소리들이 아주 평화롭게 들렸습니다. 거기다가 거인은 늘 집을 비웠기 때문에 아이들을 나무랄 사람조차 없었습니다. 아이들은 거인의 집에서 마음대로 뛰고 뒹굴고 노래했지요.
　마을 사람들은 거인의 집이 천국 같다고 이야기하곤 했습니다.
　그러던 어느 날이었습니다. 그 날도 맑은 햇살 아래서 아이들이 까르르거리며 놀고 있었습니다. 갑자기 대문 쪽에서 '쿵'하는 소리가 들려 왔습니다. 집주인인 거인이 긴 여행을 마치고 돌아온 것이었습니다.
　"이게 뭐야? 누가 내 집에서 이렇게 시끄럽게 떠들고 있어? 당장 나가지 못해!"
　거인은 쩌렁쩌렁한 목소리로 소리쳤습니다. 아이들은 모두 겁이 나서 집 밖으로 달아났습니다.
　"거인이다! 도망가자!"
　"도깨비들하고 여행을 갔다더니……."
　"난 영원히 안 돌아오는 줄 알았어."
　"나도."
　거인은 몹시 화가 났습니다.
　"이 성이 내 것이라는 건 마을 사람들이 모두 알 텐데 내가 없는 사이에 마음대로 들어오다니……."
　거인은 투덜거리며 이튿날부터 성 둘레에다 담을 쌓기 시작했습니다.
　"어머! 저것 봐. 거인이 성 둘레에다 담을 쌓고 있어."

"아름다운 나무며 꽃들도 못 보게 높이높이 쌓고 있네."
 마을 사람들은 높다랗게 올라간 울타리를 보며 수군거렸습니다. 울타리를 다 쌓고 나서 거인은 대문 앞에다 커다란 글씨까지 써 붙였습니다.

아무도 이 집 정원에 들어오지 못함.
– 집 주인 –

 거인은 아이들을 몹시 싫어했습니다. 더구나 왁자지껄 떠드는 소리는 아주 질색이었지요. 아이들만 싫어한 게 아니었습니다. 거인은 이웃에 사는 어른들까지도 싫어했습니다. 거인이 좋아하는 것은 오랫동안 여행을 함께 한 도깨비들이었어요.
 아이들은 신나는 놀이터를 잃어버렸습니다. 공부를 마치고 돌아온 아이들이, 거인의 집으로 혹시나 하고 가 보았지만 대문은 언제나 꼭꼭 닫혀 있었습니다. 아이들은 높은 울담 밑에 모여 앉아 이야기를 하였습니다.
 "너무 한다."
 "거인이 또 여행을 갔으면 좋겠어. 난 거인의 집 넓은 잔디밭에서 다시 공을 차고 싶어."
 "담을 쌓기 전에 맺혔던 꽃봉오리들이 지금쯤은 활짝 피었을 거야. 내가 제일 좋아하는 꽃인데……."
 "둥지에 알을 낳은 새들 말이야. 지금쯤은 그 알에서 나와 나는 연습을 하고 있겠지? 빨리 보고 싶다."
 "아이 참!"
 아이들은 높은 울담을 보며 안타깝게 발을 굴렀습니다. 한숨을 쉬는 아이들도 있었습니다.
 거인은 집안에서 무엇을 하는지 얼굴 한 번 내비치지 않았습니다. 꼼짝도 하지 않았어요.
 처음에는 자주 거인의 집 앞에 와서 발을 구르던 아이들도 차츰차츰 그 수가 적어졌습니다. 그러더니 언제부터인가는 아무도 찾아오지 않았습니다. 거인의 집 대문 고리도 벌겋게 녹이 쓸었습니다. 아이들은 하나 둘 거인의 집에 대한 그리움을 잊어 갔습니다.
 세월이 빠르게 흘렀습니다. 추웠던 겨울이 멀리 떠나고 봄바람이 불어

왔습니다. 나뭇가지에서는 새순이 돋아나고 꽃들도 환하게 피기 시작했습니다. 차가운 바람을 피해 멀리 떠났던 새들도 돌아와 지저귀기 시작했습니다.

아이들은 문득 거인의 집에서 즐겼던 봄이 생각나서 하나 둘 거인의 집으로 모여들었습니다. 대문이 여전히 굳게 닫혀 있었습니다. 그런데 이게 웬일입니까? 온 세상은 봄인데 거인의 집은 여전히 겨울이었습니다. 나무들은 헐벗은 채 서 있고 꽃도 피지 않았습니다. 새들의 아름다운 지저귐도 없었습니다. 아, 높은 울타리 안에는 여전히 함박눈이 내리고 있었습니다.

그래요, 마을에는 봄이 왔지만 거인의 집 안은 여전히 찬바람이 몰아치는 겨울이었습니다. 눈과 서리는 신이 났습니다. 봄에도 기를 펴고 살 수 있다니 얼마나 신이 났겠습니까.

"다른 친구들도 불러 와서 같이 놀아야겠다."

차갑고 심술 많은 북풍은 우박을 불렀습니다. 우박들이 달려왔습니다. 우르르우르르 달려와 하루에 세 시간씩 쏟아졌습니다. 기와가 깨지고 유리가 깨지고 나뭇가지들이 우지직 우지직 부러졌습니다. 땅 속에서 기를 못 펴고 봄이 오기만을 기다리던 풀과 꽃들은 비명을 질렀습니다.

"아이, 추워. 추워서 견딜 수가 없어."

"왜 여기에만 봄이 오지 않는 거야."

나무들도 울상을 지었습니다.

이제 거인의 아름답던 정원은 엉망진창 폐허가 되고 말았습니다. 거인의 친구인 도깨비들이나 좋아할 집이 되고 말았어요.

거인은 이불을 뒤집어쓰고 창 밖을 보고 있었습니다.

"젠장, 무슨 겨울이 이리도 길담. 봄은 왜 이리 안 오는 거야?"

거인은 추위에 떨면서 봄을 기다렸습니다. 그러나 봄은 오지 않았습니다.

세상은 어느 새 여름이 오고 가을이 왔습니다. 그러나 거인의 집은 여전히 겨울이었습니다.

"무슨 겨울이 이리 길담. 아이 추워. 추워서 움직일 수가 없어."

거인은 여전히 이불을 뒤집어쓰고 지냈습니다.

그러던 어느 날 아침이었습니다. 거인은 이상한 음악 소리에 눈을 떴습니다.

"이게 도대체 어디서 나는 소리지?"

참으로 아름다운 음악 소리였습니다. 어디서 나는 소리일까 하고 창가를 보던 거인은 갑자기 창 밖이 눈부시게 환해지는 것을 보고 깜짝 놀랐습니다. 그 방은 빛이 잘 들지 않아 어두컴컴했던 방이었습니다.

"맞아, 저 소리는 바로 임금님이 행차하실 때 내는 악대들의 음악 소리야."

그러나 그건 창 밖에서 나는 새들의 지저귐이었습니다.

"마침내 봄이 왔어. 봄이 왔어!"

거인은 침대에서 벌떡 일어났습니다. 그리고 커튼을 젖히고 창 밖을 보았습니다.

아, 이게 웬일입니까? 정원의 나뭇가지마다 아이들이 올라가 떠들고 웃고 야단입니다. 추위에 떨던 나무들은 아이들을 보자 기뻐서 잎을 내고 꽃을 피웠습니다. 거인이 보니 담 구멍으로 아이들이 들어오고 있었습니다. 한 아이가 들어와 나무 위로 올라가자 지금까지 죽은 듯이 서 있던 나무는 금방 생기가 돌며 잎이 나고 꽃이 피었습니다. 나무들만이 아닙니다. 새들도 어디선가 자꾸 날아와 노래를 불렀습니다.

'내가 지금 꿈을 꾸나!'

거인은 머리를 세차게 흔들고 팔뚝도 꼬집어 보았습니다.

"꿈이 아니야."

거인은 혼자 중얼거리며 봄으로 무르익은 정원 여기저기를 보았습니다. 그러다가 저쪽 구석에서 울고 있는 아이를 보았습니다. 키 작은 아이 하나가 나무에 올라가지 못해 엉엉 울고 있었습니다.

"아이, 어쩌지?"

나무도 울상을 짓고 있었습니다. 다른 나무들은 모두 아이들이 올라가 잎을 틔우고 꽃을 피웠지만 그 나무는 아이가 올라가지 않아 여전히 겨울 나무였습니다.

"꼬마야, 힘을 내서 올라와 봐."

나무가 키를 낮추며 말했지만 키가 워낙 작아 올라가지 못하는 아이는 발만 동동 굴렀습니다. 아이는 아까보다 더 큰 소리로 울기 시작했습니다.

집 안에서 이런 모습을 모두 보고 있던 거인이 빙그레 웃었습니다. 알 수 없는 어떤 이상한 기운이 거인의 몸 속으로 스며드는 것만 같았습니다.

"맞아, 나는 지금까지 너무 심술쟁이처럼 살았어. 그래서 이 집에만 봄이 오지 않았던 거야. 나도 봄을 맞으러 나가자. 아이들이랑 같이 놀자."
거인은 현관문을 열고 밖으로 나왔습니다.
"거인이다!"
한 아이가 거인을 발견하고 소리쳤습니다.
"엄마야!"
아이들은 너도나도 겁이 난 얼굴로 도망가고 말았습니다. 나무들은 다시 겨울 나무가 되었습니다. 그 때까지 나무에 올라가지 못한 꼬마만이 거인을 보지 못하고 훌쩍거리고 있었습니다.
거인은 꼬마 뒤로 살그머니 다가갔습니다. 그리고는 살포시 꼬마를 안아 나무에 올려 주었습니다.
그러자 나무는 순식간에 잎을 틔우고 꽃을 피웠습니다. 새들도 날아와서 노래하기 시작했습니다. 나무에 올라간 꼬마는 너무 기뻐 거인의 뺨에 입을 맞추었습니다.
마을 아이들은 무너진 울담 뒤에서 이 모습을 전부 보고 있다가 '와!' 하며 달려왔습니다. 이제 거인이 무섭지 않다는 것을 마을 아이들은 알았습니다.
"애들아, 그 동안 내가 잘못했다. 마음껏 놀거라."
"아저씨, 고맙습니다."
거인은 당장 담장을 허물기 시작했습니다. 이젠 아이들만이 아니라 어른들도 거인의 정원으로 나와 봄을 즐겼습니다.
저녁 때가 되었습니다.
"아저씨, 안녕히 계세요."
아이들은 인사를 하고 집으로 돌아가기 시작했습니다.
"애들아, 잘 가거라. 내일도 놀러 오렴. 그런데 얘들아, 아까 그 꼬마는 어디로 갔니? 내가 분명 이 나무에 올려 주었는데 보이지 않는구나."
"우리 마을 아이가 아닌가 봐요. 처음 보는 아이였어요."
"나도 처음 봐요. 우리 마을에는 그런 꼬마가 없어요."
이튿날부터 거인의 정원은 아이들로 가득 차게 되었습니다. 이제 아이들은 날마다 거인의 정원에서 놀았습니다. 거인은 아이들의 좋은 친구가 되었습니다. 함께 잔디밭에서 뒹굴고 나무에도 같이 오르고 노래도 같이 불렀습니다.

'아이들이랑 같이 노니까 정말 기뻐. 왜 진작 그걸 모르고 있었을까?'

이런 생각을 하며 거인은 날마다 그 꼬마를 찾았습니다. 나무 아래서 울던 그 꼬마가 너무 보고 싶었습니다.

'넌 어디에 살고 있니? 너무 보고 싶구나. 왜 이제는 놀러 오지 않는 거야?'

거인은 날마다 아이들 틈을 돌아다니며 그 꼬마를 찾았지만 그 꼬마는 어디에도 없었습니다.

꼬마를 기다리는 동안 세월이 흘렀습니다. 거인도 이제는 늙어 힘이 약해졌습니다. 아이들과 같이 놀지 못하고 정원의 안락의자에 앉아 아이들이 노는 것을 구경하기만 하였습니다.

아이들이 뛰어 노는 것을 보며 노인은 문득문득 그 꼬마 아이를 생각했습니다. 옛날 자신을 정원으로 나오게 했던 그 꼬마의 모습을 잊을 수가 없었습니다.

다시 봄, 여름, 가을이 가고 겨울이 왔습니다. 하루 종일 눈이 오고 차가운 바람이 불어 왔습니다. 그런 겨울 아침이었습니다. 거인은 창가에 앉아 조용히 창 밖을 내다보고 있었습니다.

"아니 저게 뭐지?"

거인은 뭔가를 보며 혼자 중얼거렸습니다. 마치 꿈을 꾸는 것 같았습니다.

"꿈은 아니야."

거인은 눈을 비비며 창 밖을 보고 또 보았습니다.

깊은 겨울인데 저 쪽 정원 한 나무에 하얀 꽃이 만발해 있었습니다.

"이 겨울에 꽃이 피다니! 맞아, 저 나무는 옛날 그 꼬마를 올려 주었던 그 나무야. 틀림없어! 저런 금방 열매가 열리잖아."

아, 하얀 꽃이 만발했던 나무는 어느 새 황금빛 열매가 주렁주렁 탐스럽게 열렸습니다.

"저게 누구야, 저 아이. 그 때 그 꼬마잖아!"

황금빛 열매가 주렁주렁 열린 나무 밑에 그토록 보고 싶어하던 그 꼬마가 서 있었습니다.

"얘 꼬마야!"

거인은 너무 기뻐 꼬마를 부르며 정원으로 나왔습니다.
"꼬마야, 너무 보고 싶었단다."
꼬마에게로 달려간 거인은 갑자기 걸음을 멈추며 소스라치게 놀랐습니다.
"누가 너에게 그런 상처를 입혔니? 이런, 손에도 발에도 못 자국이 있구나. 누구니? 내가 가만두지 않겠다."
꼬마는 큰 상처를 입고 있었습니다. 손에도 발에도 못 자국이 너무 선명했습니다.
"어린 네가 무슨 죄가 있다고. 세상에. 누구니? 누가 어린 너에게 이렇게 못을 박았니? 내가 가만두지 않을 거야."
이제는 늙은 거인입니다. 그러나 젊었을 때처럼 크게 소리쳤습니다.
"아저씨, 소리치지 마시고 진정하세요. 이 상처는 사랑의 상처랍니다. 염려하지 마세요."
"사, 사랑의 상처라고?"
알 수 없는 이상한 힘이 꼬마에게서 느껴졌습니다.
"누구세요? 당신은 누구십니까?"
거인은 자신도 모르는 사이에 꼬마 앞에 무릎을 꿇었습니다.
꼬마는 조용히 웃으며 입을 열었습니다.
"아저씨는 제가 이 큰 나무에 올라가지 못해 울고 있을 때, 저를 번쩍 안아 올려 주셨어요. 저는 그 날 너무 즐겁게 놀다 갔습니다. 오늘은 제가 아저씨를 모시고 우리 정원으로 가려고 해요. 그 곳은 천국이랍니다."
다음 날 오후, 아이들은 꽃이 피는 과일나무 밑동에 자는 듯이 누워 숨을 거둔 거인을 발견했습니다. 거인은 평화롭게 눈을 감고 있었습니다. 입가에 엷은 미소를 머금고 말입니다.

(4125자)

소요시간	1독		2독		3독	
	분	초	분	초	분	초

지문 기억 및 이해도 측정문제(거인과 꼬마)

1. 거인의 집을 나타낸 말 중 맞지 않는 것은 어느 것입니까?
   ① 성처럼 아주 넓은 집이다
   ② 나무들이 많아 아이들의 놀이터였다
   ③ 넓은 잔디밭이 있다
   ④ 꽃들이 많이 피어 있다
   ⑤ 논, 밭이 많다

2. 거인의 성은 언제부터 둘레에 담이 쌓여 있었나요?
   ① 처음부터 쌓여 있었다
   ② 도깨비들이 나타난 후부터
   ③ 거인이 긴 여행에서 돌아온 후부터
   ④ 꼬마가 나무에 못 올라가 울 때부터
   ⑤ 어른들이 드나들기 시작한 후부터

3. 거인은 담을 쌓고 대문 앞에다 무어라고 써 붙였습니까?

4. 마을에는 봄이 왔지만 거인의 집에는 어떠했습니까? 다음 중 해당되지 않는 것을 찾으시오
   ① 새들이 노래를 부르고 있었다
   ② 눈과 서리가 내리고 있었다
   ③ 우박이 내렸다
   ④ 함박눈이 내렸다
   ⑤ 기왓장과 유리가 깨졌다

5. 겨울이 가지 않는 거인의 집에 아이들이 담구멍으로 들어가 놀자 정원의 나무는 어떻게 변했습니까?

6. 정원의 나무에 올라가지 못해 울고 있는 꼬마에게 거인은 어떻게 했습니까?
   ① 꼬마를 보고 소리를 질렀다
   ② 꼬마를 때렸다
   ③ 꼬마를 묶어 놓았다
   ④ 꼬마를 안아서 나무에 올려놓았다
   ⑤ 꼬마를 업어 주었다

7. 거인이 꼬마를 나무 위로 올려준 뒤로 꼬마는 나타나서 아이들과 놀았습니까?

8. 마지막으로 꼬마가 나타났을 때 꼬마의 손과 발은 어떠했습니까?

9. 꼬마는 그 상처가 무엇이라고 말했습니까?

10. 숨을 거둔 거인의 모습은 어떠했습니까?

소요시간	1분당 읽은 글자수	이 해 도	1분당 독서능력
분 초			

공주의 입을 열게 한 청년

먼 옛날, 아주 아름다운 공주가 있었습니다. 그런데 언제부터인가 그 공주는 벙어리처럼 말을 하지 않았습니다. 임금님과 왕비 그리고 많은 신하들이 말을 시켰지만 말을 하지 않았습니다.

공주의 입을 열게 하여 말을 하게 하는 젊은 청년이 있다면 부마로 삼겠노라. 그러나 만약 공주에게 말을 시키지 못할 때에는 목을 자를 것이다. 그래도 자신이 있다면 궁궐로 오라.

임금님은 궁궐 앞에 방을 붙이게 했고 이 소문은 나라 전체에 퍼져 큰 화제가 되었습니다.

그러나 어느 청년도 공주의 입을 열게 하지 못하고 귀한 목숨만 빼앗 겼습니다. 그들의 목은 궁궐 벽 위에 나란히 놓여졌는데 어느 새 목숨을 잃은 청년이 97명이나 되었습니다.

이렇게 되자 아무리 재주가 많은 청년도 함부로 덤비지 못했습니다. 목숨을 잃은 청년들은 모두 나름대로 재주가 많은 청년들이었는데 공주는 아무리 말을 시켜도 입을 열지 않았습니다.

궁전에서 조금 떨어진 마을에 늙은 부부가 세 아들과 살고 있었습니다. 그런데 어느 날 갑자기 나이 많은 아버지가 돌아가시고 말았습니다. 아버지가 돌아가시고 나자 나쁜 사람들이 여기저기서 몰려들어,

"너희 아버지는 나에게 많은 돈을 빌려 갔어."

"내 돈도 많이 빌려 갔는데 갚지 않고 돌아가셨지."

"나도 돈을 빌려주었어."

하며 집에 있는 물건들을 모조리 가져가 버렸습니다. 너무나 기가 막혔지만 어쩔 수가 없었습니다.

식구들이 모두 슬픔에 잠겨 있는데 큰아들이 말했습니다.

"어머니, 이렇게 슬퍼하고만 있다가는 다 굶어 죽을 겁니다. 제가 다른 마을로 가서 돈을 벌어 오겠습니다. 또 압니까? 재수 좋은 일이 생길지."

"그래라. 결혼을 앞둔 나이에, 아버지가 돌아가셨으니 너희들이 고생이구나."

어머니는 마음이 아팠지만 큰아들을 붙잡을 수가 없었습니다.

어머니는 조금 남아 있는 돈을 다 털어 주고 조금 있는 음식을 싸서 큰아들에게 주며 부디 몸조심하라고 당부했습니다.

"어머니, 그럼 건강하세요. 아우들아, 어머니를 잘 모시고 있어라. 좋은 일이 있으면 곧 돌아오마."

큰아들은 작별 인사를 하고 길을 떠났습니다. 얼마쯤 가자 큰 도시가 나타났는데 바로 궁궐이 있는 곳이었습니다.

큰아들은 궁궐 앞을 지나가다가 깜짝 놀랐습니다. 궁궐 벽 위에 젊은 남자들의 머리가 즐비하게 놓여 있는 게 아닙니까. 세어 보니 모두 97개였습니다. 큰아들은 지나가는 사람에게 어떻게 된 일이냐고 물었습니다.

"아니, 젊은이는 아직도 저 이야기를 못 들었소? 공주의 입을 열려고 갔다가 실패한 사람들이오."

지나가던 사람은 공주에 대한 이야기를 자세히 들려주었습니다. 그 말을 들은 큰아들은 혼자 생각했습니다.

'바보 같은 것들! 아무리 그렇기로 공주의 입을 못 열어? 어쩌면 이것은 하늘이 주신 기회인지 몰라. 나도 가 보자.'

큰아들은 궁궐로 향했습니다.

"무슨 일이오?"

문지기가 서 있다가 창을 내밀며 막았습니다.

"공주님의 입을 열려고 왔습니다."

큰아들은 씩씩하게 말했습니다.

"실패하면 목이 달아나는 것을 알고 있소?"

"알고 있습니다. 자신 있어요."

"그렇다면 들어가시오."

궁궐에 들어간 큰아들은 시녀들이 시키는 대로 깨끗이 목욕하고 새 옷으로 갈아입었습니다. 그런 다음 그는 공주의 방으로 안내되었습니다.

큰아들은 밤새도록 이야기를 했습니다. 그러나 공주는 듣기만 할 뿐 고개 한 번 끄덕이지 않았습니다.

"공주님, 그렇지요?"

아무리 말을 시켜도 공주는 돌처럼 앉아 있기만 했어요. 문 밖에서는 신하들이 지키고 있었습니다. 신하들은 공주의 소리를 하나도 듣지 못했습니다.

날이 새었습니다. 안타깝게도 큰아들의 머리는 궁궐 벽 위에 놓이고 말았습니다. 98번째의 머리였습니다.

큰아들이 돌아오지 않자 어머니는 날마다 울며 지냈습니다. 보다 못한 둘째 아들이 말했습니다.

"어머니, 너무 걱정 마세요. 제가 형님을 찾으러 가겠습니다."

어머니는 둘째 아들이 떠나는 것을 말릴 수가 없었습니다. 떠나는 둘째 아들을 위해 조금 밖에 없는 음식을 싸 주었습니다.

"형을 찾으면 무조건 데리고 오너라. 어머니가 잠을 못 자고 기다리고 있다고 하렴."

"잘 알겠습니다. 꼭 형을 찾아내어 같이 오겠습니다."

둘째 아들은 작별 인사를 하고 집을 나섰습니다.

둘째 아들도 궁궐이 있는 도시로 나오게 되었습니다. 궁궐 옆을 지나가다 둘째 아들은 깜짝 놀랐습니다. 궁궐 벽 위에 사람들의 머리가 즐비하게 놓여져 있었습니다.

"아니 저건!"

맨 마지막에 놓여져 있는 것은 바로 형의 머리였습니다.

"형님, 도대체 어떻게 된 일입니까? 도대체 무슨 죄를 지었기에 그런 꼴이 되고 말았나요?"

지나가는 사람들이 통곡하는 둘째 아들에게 말했습니다.

"공주님의 입을 열게 하는 젊은이는 공주와 결혼할 수 있습니다. 그러나 공주님의 입을 열지 못하면 저런 꼴을 당하게 되지요."

"뭐라고요?"

둘째 아들도 궁궐로 들어갔습니다. 그리하여 형과 마찬가지로 밤새도록 이야기했습니다. 공주는 입을 열지 않았습니다. 다음 날 아침, 공주의 입을 여는데 실패한 둘째 아들은 99번째의 머리가 되어 궁궐 벽 위에 놓여지게 되었습니다.

고향에서는 아무리 눈이 빠지게 기다려도 두 아들이 돌아오지 않자 어머니는 날마다 울면서 보냈습니다. 보다 못한 막내아들이 형들을 찾아오겠다고 말했습니다.
 막내아들은 매우 힘이 세고 용감했습니다. 사람들은 모두 그 아들을 '나무 뿌리도 뽑는 사람'이라고 불렀습니다.
 "어머니, 울지 마세요. 제가 집 나간 형들을 모두 찾아서 같이 오겠습니다."
 "그래. 네게는 하느님이 내려 주신 힘이 있으니까 꼭 형들을 찾아오너라."
 이렇게 하여 막내아들도 궁궐이 있는 도시로 가게 되었고, 공주의 방으로 들어가게 되었습니다.
 공주의 방에 들어간 막내아들은 한 마디 말도 하지 않았습니다. 방 밖에서는 군사들과 신하들이 지키고 있었습니다.
 공주의 방에는 두 개의 침대가 있었는데 하나는 공주가 앉아 있고 다른 하나에는 막내아들이 앉았습니다.
 막내아들은 아무 말도 하지 않았습니다. 막내아들은 공주를 본 체 만 체 했습니다. 얼마나 시간이 흘렀을까요. 막내아들은 주머니에서 촛대를 꺼냈습니다. 막내아들은 공주를 못 본 체하고 촛대에 대고 말하기 시작했습니다.
 "도대체 뭐 하는 거야? 미쳤어? 촛대하고 이야기를 하게."
 마침내 공주가 참지 못하고 침대에서 내려오며 말했습니다.
 "공주님은 상관하지 마세요. 저는 이 촛대와 이야기하고 있으니까요."
 "미쳤어, 정말! 촛대랑 이야기하는 사람은 정말 처음이야!"
 공주가 소리쳤습니다. 그 소리는 밖으로도 퍼져 나갔습니다.
 "와, 공주님이 입을 여셨다! 만세, 드디어 입을 여셨다!"
 공주가 입을 열었다는 소문은 곧 궁궐 안에 퍼졌습니다.
 궁궐 안에는 재상이 있었습니다. 그는 공주를 꼭 자기 아내로 삼으려는 사나이였습니다. 공주에게 말을 시키지 못한 젊은이의 목을 자르자고 주장한 사람도 바로 그 재상이었습니다. 그래야 똑똑하고 잘생긴 젊은이들이 겁을 먹고 공주에게 접근하지 못하리라 생각했습니다.
 공주는 한 번 입을 열자 계속해서 말을 했습니다. 막내아들은 밤새 공주와 이야기를 했습니다.
 날이 밝자 재상은 재빨리 임금님에게 갔습니다.

"폐하, 그 젊은이가 정말 지혜롭고 힘이 센지 더 시험해 봐야 합니다. 정말 공주님의 남편이 될 수 있는지 시험해 보도록 하십시오. 젊은이에게 명령해서 노래하는 닭을 가져오라고 하세요. 공주님과 결혼하려면 그 정도는 해야 하지 않겠습니까?"

임금님은 재상의 말이 옳다고 생각했습니다.

"약속한 대로 너를 공주와 결혼시키마. 그러나 그러기 전에 네가 해야 될 일이 있다. 내게 노래하는 닭을 가져다주렴."

막내아들은 자신 있는 얼굴로 씩씩하게 대답했습니다.

"노래하는 닭이라구요. 좋습니다. 구해 오고 말고요."

재상은 막내아들의 대답을 듣고 코방귀를 뀌었습니다.

'흥, 어림도 없지. 살아오지 못할 걸.'

노래하는 닭을 구하러 가기 전에 막내아들은, 세 그루의 나무를 심어 놓은 화분을 공주에게 주며 말했습니다.

"공주, 이 화분을 받으시오. 이 화분에는 일 주일에 한 번씩만 물을 주어야 해요. 공주가 잊지 않고 물을 주었는데도 한 그루가 시들었다면 그건 내 힘이 조금 떨어진 것이오. 두 그루가 시들면 나의 힘이 반쯤 없어진 거요. 세 그루가 모두 시들면 내가 죽은 줄 아시오. 알겠소?"

마침내 막내아들은 물과 빵을 가지고 길을 떠났습니다. 말을 타고 한 달, 두 달, 석 달을 가니 갑자기 길은 두 갈래로 나누어졌습니다.

← 돌아올 수 없는 길
　행운의 길 →

두 갈래의 길에는 각각 이런 푯말이 세워져 있었습니다.

'어느 쪽 길로 가야 노래하는 닭을 구할 수 있을까?'

막내아들은 머리를 갸웃거리며 생각해 보다가 돌아올 수 없는 길로 가기로 마음먹었습니다. 돌아올 수 없는 길로 한참을 가니 한 할머니가 나타나 말했습니다.

"젊은이, 어쩌자고 이렇게 위험한 길을 택했소?"

"걱정해 주셔서 고맙습니다."

"예의 바르기도 해라. 내가 하는 말을 잘 들으시오. 내가 일러주는 대로만 하면 무사하게 돌아올 수 있을 거라오."

그 할머니는 한숨 돌리고 나서 다시 말했습니다.

"이 길을 쭉 따라가면 넓은 들판이 나온다오. 그러면 큰 나무가 보일 때까지 계속 걸어가요. 그 나무 밑에는 새장이 있을 거요. 바로 노래하는 닭이 들어 있는 새장이오. 그렇지만 조심해야 돼요."

할머니는 막내아들이 무엇을 찾으러 이 길로 왔는지 모두 아는 듯이 말했습니다.

"새장 근처에 머리가 일곱 개인 괴물이 그 새장을 지키고 있으니 조심해야 한다오. 새장이 보이거든 우선 몸을 숨기고 그 괴물이 어떻게 하고 있나 잘 살펴요. 만일 그 괴물이 눈을 뜨고 있으면 그건 자고 있는 거라오. 그 때에는 새장에서 노래하는 닭을 꺼내 올 수 있는 거니까. 깨어 있으면 석 달을 기다려야 해요. 괴물이 잠들 때까지."

할머니의 이야기는 아주 길었습니다. 그러나 막내아들은 정신을 차리고 잘 들었습니다.

"젊은이, 노래하는 닭을 가지고 돌아올 때 위험한 곳을 세 번 만나게 된다오. 첫 번째 위험한 곳은 길이 끊어진 곳이오. 그런 길을 만나면 이렇게 말하시오. '얼마나 훌륭한 길인가. 만일 임금님의 말을 전부 가지고 있었다면 여기서 춤을 출 텐데!'하고 말이오. 알겠소? 그렇게 말하면 끊어진 길이 이어진다오. 두 번째 위험은 진흙투성이 늪이라오. 거기에 잘못 발을 들여놓았다가는 끝도 없는 진흙 속으로 들어가 버리게 되지. 도저히 살아날 수 없다오. 거기서는 이렇게 말하시오. '얼마나 훌륭한 늪인가? 벌꿀로 가득 차 있구나. 만일 누가 이 벌꿀을 임금님이 계신 궁궐에 가져간다면 나는 그것을 맛있게 먹을 텐데.' 이렇게 말하면 늪은 금세 사라져 버리고 마른땅으로 변하게 된다오. 세 번째로 당신은 피고름이 가득하여 지독한 냄새가 나고, 맹수가 우글거리는 곳에 도착하게 될 거라오. 그런 곳에 다다르거든 이렇게 말하시오. '얼마나 맛있는 버터일까? 만일 임금님의 빵이 있다면 이 맛있는 버터를 발라먹을 텐데.' 이 세 가지를 명심하시오. 그렇게 해서 무사히 돌아오면 그 다음부터는 또 그 때 생각하기로 하지요. 자 어서 떠나시오."

막내아들은 할머니의 이야기를 잘 기억하며 앞으로 나아갔습니다. 이윽고 들판이 나오고 나무들이 보였습니다. 마침내 나무 아래에서 새장을 발견했습니다. 막내아들은 할머니가 시킨 대로 주위를 둘러보았습니다.
 '이크, 할머니가 말한 괴물이 저기 있군. 저것 봐, 눈을 감고 있어. 저건 깨어 있다는 증거지. 참고 기다리자.'
 석 달을 기다리자 괴물은 마침내 하품을 하며 눈을 떴습니다.
 "이 때다!"
 막내아들은 무사히 노래하는 닭을 훔쳐내어 꼭 안았습니다. 말도 있었습니다. 막내아들은 노래하는 닭을 안고 말을 타고 달렸습니다.
 석 달을 달렸을 때 할머니가 말한 끊어진 길이 나타났습니다. 그 때 잠에서 깨어난 괴물이 노래하는 닭이 없어진 줄 알고 쫓아왔습니다. 괴물에게 잡히려는 순간 막내아들은 할머니가 일러준 대로 소리쳤습니다. 그러자 길이 이어졌습니다. 막내아들을 태운 말은 힘껏 달렸고 괴물은 그만 넘어지고 말았습니다.
 두 번째 위험도 세 번째 위험도 막내아들은 무사히 넘겼습니다. 마침내 막내아들은 할머니가 있는 곳까지 왔습니다.
 "할머니, 노래하는 닭을 찾았어요."
 "역시 젊은이는 용감하군요. 그렇지만 젊은이는 지금 너무 피로한 상태라서 그 몸으로는 궁궐까지 갈 수 없어요. 한잠 푹 자고 떠나시오. 내가 먹을 것을 준비할 테니 한잠 푹 자고 나서 먹은 다음 떠나요."
 할머니는 밭에 나가 보리를 뿌렸습니다. 보리는 금세 자라 추수할 때가 되었습니다. 할머니는 보리를 베어 금세 가루를 만들었습니다. 모든 일이 순식간에 이루어졌습니다. 할머니가 음식을 만드는 동안 노래하는 닭이 말했습니다.
 "나를 훔쳐 오려고 그렇게 고생했는데, 저 할머니는 당신에게서 나를 빼앗으려 해요. 만일 당신이 잠들어 버리면 할머니는 나를 빼앗아 갈 거예요. 할머니가 먹을 것을 가지고 가까이 올 때 조심하세요. 할머니는 금 막대와 은 막대를 가지고 있어요. 은 막대로 사람을 때리면 암캐로 변하고 다시 금 막대로 암캐를 때리면 사람이 된답니다. 그러니까 우선은 막대를 빼앗아 할머니를 치도록 해요."
 한편 공주는 화분에 물을 주며 막내아들을 기다리고 있었습니다. 두 그루의 나무는 시들었지만 세 번째 나무는 싱싱했습니다. 새싹도 돋으려고 했습니다.

"노래하는 닭을 구했나 보다. 역시 그 사람은 용감하고 지혜로운 사람이야."

공주는 신이 나서 노래를 불렀습니다.

공주의 예상대로 젊은이는 궁궐로 돌아왔습니다. 노래하는 닭과 개도 한 마리 끌고 왔습니다. 그 개는 할머니가 변한 암캐였어요. 젊은이는 은 막대와 금 막대도 자기 허리에 잘 차고 있었습니다. 공주는 신이 나서 춤을 추었습니다. 하지만 재상은 젊은이를 없애려고 기회를 노렸습니다.

젊은이는 많은 사람들 앞에서 노래하는 닭에게 노래를 시키고, 암캐를 할머니로 변하게 했습니다. 사람들은 깜짝 놀랐습니다.

젊은이는 은 막대로 할머니를 도로 암캐로 만들었습니다. 사람들은 더욱 깜짝 놀랐습니다. 재상도 놀라서 자리를 피했습니다.

"임금님, 저는 이제 공주를 데리고 제 고향으로 가겠습니다."

막내아들이 말하자 임금님도 고개를 끄덕였습니다. 막내아들이 은 막대로 자기를 때릴까봐 임금님도 겁이 났습니다.

막내아들은 공주를 데리고 집으로 돌아왔습니다.

"어머니! 이 여자가 누구인지 아세요? 공주예요. 이 여자 때문에 우리 두 형이 모두 죽었습니다."

막내아들은 그 자리에서 공주의 목을 베고 말았습니다. 그리고 임금님께 편지와 함께 공주의 목을 보냈습니다. 그 편지에는 이렇게 써 있었습니다.

여기에 100번째의 머리를 보냅니다. 나는 살인자인 임금의 사위는 절대 사양하겠습니다. 그런 사람의 딸을 아내로 삼고 싶지도 않습니다.

(4989자)

소요시간	1독		2독		3독	
	분	초	분	초	분	초

지문 기억 및 이해도 측정문제(공주의 입을 열게 한 청년)

1. 공주의 입을 열게 하기까지 몇 명이 목숨을 잃었습니까?
    ① 97명
    ② 98명
    ③ 99명
    ④ 100명
    ⑤ 101명

2. 막내아들은 어떤 사람이었습니까?
    ① 덕이 있다
    ② 인자하다
    ③ 힘이 세다
    ④ 지혜롭고 용감하다
    ⑤ 비열하지만 무엇이든지 마음만 먹으면 성공한다

3. 막내아들은 공주의 입을 열게 하기 위해 무엇을 이용했나요?
    ① 광대노릇
    ② 마술
    ③ 촛대
    ④ 도끼
    ⑤ 노래하는 닭

4. 막내아들에게 노래하는 닭을 구해오도록 제안한 사람은 누구입니까?
    ① 임금
    ② 재상
    ③ 공주
    ④ 왕비
    ⑤ 왕자

5. 막내아들은 공주에게 무엇을 주고 노래하는 닭을 구하러 떠났습니까?

6. 머리가 7개 달린 괴물은 언제가 자고 있는 것인가요?

7. 괴물이 만약 깨어있으면 몇 달을 기다려야 잠을 잔다고 했습니까?
   ① 한 달
   ② 두 달
   ③ 세 달
   ④ 네 달
   ⑤ 다섯 달

8. 막내아들이 데리고 온 암캐는 누구였습니까?

9. 막내아들은 공주를 자기 집으로 데려와 어떻게 하였습니까?

10. 이 글을 읽고 막내아들의 행동에 대해 비판하여 서술하라.

소요시간		1분당 읽은 글자수	이 해 도	1분당 독서능력
분	초			

제 2 장 교과서 적용 훈련

교과서 적용 훈련과정은 이해도 및 기억력을 향상시키는 과정으로서, 독서훈련 과정이 끝나고 실시하도록 합니다. 선생님의 지시대로 훈련 과정을 성실하게 익히면 여러분의 암기과목 성적향상에 많은 도움이 될 것입니다. 열심히 훈련하여 습관이 될 수 있기를 바랍니다.

어떤 단어가 떠오르는 그림일까요?

♥ 이 그림을 보고 당신은 어떤 단어를 연상할 수 있을까요? 될 수 있는 한 많은 예를 들어보시오.
(제한 시간 2분)

상상해 보세요!!!
_____
_____
_____

(가)

낙 엽

가을
나무들
엽서를 쓴다.

나뭇가지
㉠하늘에 푹 담갔다가
파란 물감을
찍어 내어.

나무들
우수수
엽서를 날린다.

아무도 없는
빈 뜨락에

나무들이
보내는
가을의 엽서.

(나)

시를 잡아라

풀잎에 파란색이 있듯이
풀에는 풀로 된 시가 숨었다.
도랑물에 졸졸졸
소리가 나듯
물속에는
물로 된 시가 숨었다.

꽃 속에 향기로운
냄새가 있듯
꽃에는 꽃으로 된 시가 숨었다.

아이들아,
너희 눈으로
풀잎의 시를 찾아라.

너희 귀로
물 속의 시를 소리 들어라.
꽃 속의 시를
냄새 맡아라.

아이들아!
들판을 달리며 나비를 잡듯
시를 잡아라.

(다)

혼자 있어 봐

친구와
쌍둥밤처럼
어깨동무하는

참새 떼처럼
짹째글 짹째글
몰려 다니는 것도 좋지만,

가끔씩은
아주 가끔씩은
혼자 있어 봐.

별들의 이야기
엿들을 수도 있고,
입속말하던 시계들이
낭랑한 목소리로 말을 걸어
온단다.

그래, 운동장 가슴이 쿵쿵
울리도록
뛰놀던 아이들이 가 버린
늦은 저녁
ⓒ그네에 혼자 앉아
바람처럼 휘파람을 불어봐.

거인 같은 운동장이
이웃집 아저씨처럼
너를 번쩍 안아 올려
네 마음의 무게를 재어
주실 테니까.

(라)

푸른 하늘 속으로

땅뺏기하다가
쳐다본 하늘.
파란색 도화지 한 장.

금 그을 수 없는
하늘 속으로

야아
선생님 찬 공이
쏘옥 들어간다.
아이들도
선생님도
뛰어들어가는
푸른 하늘.

소요시간	1독	2독	3독
	분 초	분 초	분 초

지문 기억 및 이해도 측정문제(동시의 이해)

1. 밑줄 그은 ㉠은 어떤 모양을 비유한 것인가?
   ① 나뭇가지가 뻗은 모양
   ② 나뭇가지가 꺾어진 모양
   ③ 나뭇가지가 떨어진 모양
   ④ 나뭇가지가 물에 잠긴 모양
   ⑤ 나뭇가지가 하늘에 떠 있는 모양

2. (나)시의 '물로 된 시'는 어느 것인가?
   ① 아름다운 새 소리
   ② 맑은 물소리
   ③ 향기로운 꽃 그 자체
   ④ 소리내어 떨어지는 폭포 소리
   ⑤ 고기들이 헤엄쳐 노는 개울물

3. (다)시에서 밑줄 그은 ㉡은 결국 어떻게 하라는 뜻인가?
   ① 그네에 혼자 앉으라는 것
   ② 휘파람을 부는 연습을 하라는 것
   ③ 바람 소리를 잘 들어보라는 것
   ④ 친구들과 사이좋게 지내라는 것
   ⑤ 생각하는 시간을 가져 보라는 것

4. (라)시에서 '금 그을 수 없는 하늘'과 대조되는 놀이는?
   ① 소꿉놀이
   ② 땅뺏기
   ③ 숨바꼭질
   ④ 공차기
   ⑤ 구슬치기

5. (라)시의 4연에서 우리가 느낄 수 있는 것은 어느 것인가?
   ① 날씨가 덥다
   ② 하늘이 매우 넓다
   ③ 선생님이 매우 무섭다
   ④ 아이들이 선생님을 따라 다닌다
   ⑤ 선생님과 아이들이 한 마음이다

6. (가)시의 '파란 물감'과 '가을의 엽서'는 각각 무엇을 비유하는 말인가?

7. (나)시는 내용상 크게 몇 부분으로 나눌 수 있는가?

8. (나)시의 주제어는 무엇인지 찾아 써라.

9. (다)시에서는 여러 친구들과 몰려다니며 노는 모습을 무엇에 비유하였는가?

10. (라)시에서는 '푸른 하늘'을 무엇에 비유하였는가?

11. (가)시에서 나무들이 엽서를 날린다는 것은 무슨 뜻인지 간단하게 설명하라.

12. (나)시에서 '시를 잡아라'란 결국 무슨 뜻인가?

13. (다)시를 내용에 따라 두 부분으로 나누고 각각 어떤 장면을 노래한 것인지 간단하게 설명하라.

14. (라)시를 읽고 난 느낌을 간단하게 써라.

15. '가을 하늘'에 대한 생각이나 느낌을 표현하여 보아라.

| ·색깔로 표현한다면, 어떤 색깔인가? |
| ⇒ 예) 푸른색, 청자색 |

· 맛으로 표현한다면, 어떤 맛일까?

소요시간	1분당 읽은 글자수	이 해 도	1분당 독서능력
분 초			

말의 힘

(가) 오늘은 참으로 뜻 깊은 하루였다. 어머니께서 동생을 데리고 시골 ㉠<u>외가</u>에 가셔서 아버지와 나만 집에 남아 있었다. 시인이신 아버지께서는 가끔 들과 산으로 나들이를 가곤 하셨는데, 오늘은 나도 아버지를 따라 나섰다.

버스 정류장은 집에서 약 5분 거리에 있다. 버스 정류장에는 등산복 차림의 사람들이 많이 있었다. 곧 버스가 도착했고, 아버지와 나는 버스에 올랐다.

버스를 타고 몇 정류장쯤 갔을 때, 중학생으로 보이는 서너 명의 형들이 버스에 올랐다. 차림으로 보아 등산을 가는 것 같았다. 버스에 오르면서부터 형들은 와자지껄하며 큰 소리로 웃고 떠들었다. 사람들의 시선이 모두 그 형들에게 집중되었다. 그렇지만 형들은 아랑곳하지 않고 서로 치고 밀면서 마구 상소리를 하였다. 차안의 사람들이 모두 언짢은 표정을 지었다.

"얘들아, 너무 시끄럽구나."

보다 못한 아버지께서 주의를 주셨다. 그러자 형들은 조용해졌다.

(나) 마침내 우리는 시내를 빠져 나와 호수가 보이는 들판에 이르렀다. 오늘따라 호수가 더욱 맑아 보였다. 호수를 끼고 도는 들길을 따라 아버지와 나는 천천히 걸음을 옮겼다. 그 때, 아버지께서 내게 물으셨다.

"보람아, 너도 친구들끼리 모이면 아까 그 형들처럼 상스러운 말을 하니?"

아버지께서는 버스에서 만난 형들의 말과 행동이 아직껏 마음에 걸리시는 모양이었다.

"안 해요."

"그래야지. 말이란 매우 중요한 거야. 사람들은 말이 중요하다는 것을 잘 모르지만, 말이야말로 그 사람의 인격이나 그 나라의 문화 수준을 잘 나타내 주는 척도가 된단다."

"네, 어제 선생님께서도 말씀해 주셨어요. 말에도 힘과 정신이 있고 ㉡품위가 있다고요."

"그렇단다. 말은 무서운 힘을 가지고 있지. 아까처럼 많은 사람들의 기분을 언짢게 할 수도 있고, 심하면 사람을 살릴 수도 있고, 죽일 수도 있어."

아버지께서는 내 손을 잡고 길가에 앉으셨다. 멀리 호수가 보이고, 푸른 호수 위로 커다란 황새 한 마리가 유유히 날아가고 있었다. 아버지께서는 호수를 바라보시며, (   )에 나오는 옛날 이야기 한 토막을 해 주셨다.

(다) 신라 성덕왕 때 순정공이 강릉 태수가 되어 길을 가다가, 바닷가 정자에서 점심을 먹게 되었다. 그 때, 갑자기 바다용이 나타나 순정공의 부인인 수로를 끌고 바다로 들어가 버렸다. 수로 부인이 너무 아름다워 바다용이 샘을 낸 것이었다.

순정공이 어찌할 줄 모르고 발만 구르고 있는데, 한 노인이 나타나 말하였다.

"입이 여럿이면 쇠도 녹인다고 하는 옛 사람의 말도 있듯이, 그까짓 바다짐승이 어찌 여러 사람의 입을 두려워하지 않겠소? 마땅히 고을 백성들을 불러모아 노래를 지어 부르며 몽둥이로 언덕을 두드리면 부인을 구할 수 있을 것이오."

순정공이 노인의 말대로 하였더니, 과연 용이 바다에서 수로 부인을 데리고 나와 절하며 바치었다.

"어때, 재미있는 이야기지?"

"네, 그러니까 사람의 말이란 짐승마저도 움직일 만큼 큰 힘이 있다는 뜻이죠?"

"그럼, 무슨 말이든 무서운 힘을 발휘하게 되는 거야. 좋은 말은 좋은 힘을 발휘하고, 나쁜 말은 나쁜 힘을 발휘하지. 그래서 옛날 사람들은 말이 씨가 된다고 하였어. 가끔 '나는 되는 일이 없어.'라고 말하는 사람을 볼 수 있는데, 이런 말을 쓰면 될 일도 안 된단다. 그러니까 우리는 자신에게든 다른 사람에게든 언제나 힘과 용기를 주는 말을 쓰도록 노력해야 해."

(라) 나는 아버지의 말씀을 들으면서 나와 친구들의 말버릇을 생각해 보았다. 상대를 비웃는 말, 깔보는 말을 서슴없이 하기도 하는데, 그 말을 듣는 친구의 마음이 어떨까 생각해 보니 말을 조심해서 해야겠다는 생각이 들었다.

그 때, 호수 저 쪽에서 한 줄기 바람이 불어 왔다. 옷깃을 여미면서 아버지께서 말씀하셨다.

"보람아, 말에는 힘과 정신이 있고, 또 품위가 있다는 것을 배웠다고 했지? 그럼 말의 정신이란 무엇이고, 말의 품위란 무엇인지 한 번 말해 보겠니?"

"네, 말은 말하는 사람의 생각을 담고 있기 때문에 정신이 있다고 하는 것이고, 또 말에는 듣기 좋은 말과 듣기 싫은 말이 있어서 품위가 있다고 말하는 것으로 알고 있어요."

"우리 보람이가 제법이구나. 우리말은 우리 나라 사람들이 만들어 우리의 생각을 담아 사용하는 것이지. 그러니까 자연히 거기에는 우리의 정신이 담기게 마련인 거야. 또, 말에는 듣기에 좋은 말, 아름다운 말이 있기도 하고, 듣기에 나쁜 말, 속된 말이 있기도 한 거야. 그래서 ㉢말은 곧 그 사람의 됨됨이를 보여 주는 것이라고도 할 수 있지."

소요시간	1독		2독		3독	
	분	초	분	초	분	초

지문 기억 및 이해도 측정문제(말의 힘)

1. ㉠의 '외가' 사람들이 아닌 사람은 누구인가?
   ① 외할아버지
   ② 외삼촌
   ③ 외할머니
   ④ 고모
   ⑤ 이모

2. 밑줄 그은 ㉡처럼 말이 품위를 나타내게 되는 경우는 다음 중 어느 것인가?
   ① 표준어와 사투리
   ② 옛날 말과 현대 말
   ③ 유행어와 외래어
   ④ 높임말과 예사말, 낮춤말
   ⑤ 듣기 좋은 말과 듣기 싫은 말

3. 글 (다)에서 바다용은 왜 수로 부인을 끌고 바다로 들어 갔나요?
   ① 수로 부인이 미워서
   ② 수로 부인이 너무 아름다워서
   ③ 용이 먹을 것이 부족하여서
   ④ 순정공에게 많은 은혜를 입어서
   ⑤ 순정공의 제물이 탐나서

4. ㉢처럼 말은 곧 그 사람의 됨됨이를 보여 준다는 것은 말의 무엇과 가장 관계가 깊은가?
   ① 말의 힘
   ② 말의 목적
   ③ 말의 품위
   ④ 말의 역사
   ⑤ 말의 생성 과정

5. 상대를 비웃는 말, 깔보는 말을 들은 사람의 마음은 어떨까?
   ① 기분이 좋아진다
   ② 아무렇지도 않다
   ③ 말을 하는 사람을 믿는다
   ④ 말을 하는 사람을 미워하게 된다
   ⑤ 말하는 사람이 시키는 대로 행동하게 된다

6. 글쓴이는 누구와 함께 나들이를 하였는가?

7. 글 (나)의 (　　)에 알맞은 책의 제목을 써라.

8. 글 (다)는 말의 무엇에 대해 이야기하고 있는가?

9. 우리 나라 사람들이 사용하는 우리말에는 누구의 정신이 담겨 있게 되는가?

10. 글 (라)의 밑줄 친 '정신'의 반대되는 말을 써라.

11. 글 (가)에서 아버지와 내가 형들이 등산을 가는 것으로 추측한 까닭은 무엇인가?

12. 버스 안의 사람들이 모두 언짢은 표정을 지은 까닭은 무엇인가?

13. 아버지는 말이 왜 중요하다고 하였는가?

14. '입이 여럿이면 쇠도 녹인다'는 옛 사람의 말은 어떤 뜻일까?

15. '말의 정신'이란 무엇이고 '말의 품위'란 무엇인지를 각각 설명하라.

소요시간		1분당 읽은 글자수	이 해 도	1분당 독서능력
분	초			

마지막 줄타기

　노인과 소년이 마을에 흘러든 것은 저녁 어스름이었다. 곱게 노을진 하늘에는 ㉠구름송이들이 바람에 떠밀려 흩어지고 있었다. 언뜻 보기에 두 사람은 아버지와 아들 같기도 했고, 또 달리 보면 할아버지와 손자 같기도 했다.
　"애야, 이제는 현기증이 나서 더 이상 못 걷겠구나. 날도 저물고 했으니, 오늘은 이 마을에서 쉬었다 가기로 하자."
　노인은 제멋대로 엉클어진 긴 수염을 아무렇게나 쓸며 손에 든 쥘부채를 펴서 땀을 식혔다. 손때가 묻고 땀에 절어 반들반들 윤이 나는 쥘부채지만, 그래도 펴고 보니 울긋불긋하고 화려한 게 보통 부채와는 ㉡사뭇 다른 것을 한 눈에 알 수 있었다.
　"선생님 좋으실 대로 하십시오. 그런데 쉴 자리가 마땅할까요?"
　불밤송이 머리에 땟국이 꾀죄꾀죄하게 흐르는 깡마른 얼굴의 소년이 노인을 부축하면서 말했다. 노인은 서 있는 것도 버거운지 몸을 비틀거렸다.
　"우리 ㉢처지에 이불 깔고 쉬려 하느냐? 하늘을 지붕 삼고 땅을 베개 삼아 저 나무 밑에 누우면 되지. ㉣저 나무 밑은 사방이 탁 트여 쉬기에는 안성맞춤인 것 같구나."
　노인은 코끼리 살갗처럼 쪼글쪼글한 주름살투성이의 얼굴에 웃음을 가득 지어 보이며 말했다.
　"벌써 땅에서 찬 기운이 올라오던데요. 밤 공기도 쌀쌀하고요."
　소년이 근심스런 표정으로 말했다.
　"괜찮다. 이보다 더한 지난 겨울도 견뎌 냈지 않느냐? 아무 소리 말고 저 느티나무 밑에서 쉬도록 하자. 그리고 내일은 저 앞에 보이는 두 그루의 미루나무 사이에다 줄을 매고 타 보자. 나무 밑이 풀밭이라 줄타기에는 제격일 것 같구나."
　노인은 앞에 서 있는 두 그루의 큰 미루나무를 바라보며 말했다. 미루나무는 스무 걸음 남짓 사이를 두고 높이 솟아 ㉤하늘을 쓸고 있었다.

"저 미루나무들 사이에서 줄을 타시겠다고요?"

"그래, 어쩐지 아주 멋진 줄타기가 될 것 같구나. ㉥내 생애에 마지막일지도 모르는……."

노인은 알 듯 말 듯한 이상한 소리를 혼자 중얼거리며 풀밭에 털썩 주저앉았다.

"얘야, 네가 괜히 나 같은 늙은이를 만나 고생이 많구나. 너 혼자 몸도 건사하기 힘든 세상인데."

"별말씀을 다 하세요. 어차피 떠돌아다니는 외돌토리 신세인데 선생님을 만나 큰 위안이 되는 걸요. 혼자보다는 둘이 좋잖아요?"

"위안이 되긴. 다 죽어 가는 송장이 무슨 보탬이 돼야 말이지. 그런데 그 선생님이란 말 좀 그만 하려무나."

노인은 겸연쩍은 표정을 짓고는 수염을 쓸어 내렸다. 구부정한 허리와 조붓한 어깨, 소나무 껍질처럼 거친 손이 노인의 험난했던 지난 세월을 일러주는 듯했다.

"그래도 저에겐 선생님이신 걸요. 언젠가는 선생님의 재주를 꼭 배울 거예요."

"재주는 무슨 재주? 밥 빌어먹기 딱 알맞은 짓인걸."

노인은 먼 하늘을 아스라이 바라보았다.

"선생님은 고향이 없으세요? 그리고 가족도 없으시고요?"

소년이 노인의 눈치를 살피며 어렵게 다시 말문을 텄다.

"고향 없는 사람이 어디 있겠니? 모두 어머니 품에서 키워졌듯이 자기가 태어난 고향이야 다 있는 법이지."

"그럼 선생님 고향은 어디세요? 그 고향에 가족이 사시나요? 선생님은 이제껏 제게 한 마디도 안 해 주셨거든요."

"그랬니? 내 고향은 이 밧줄 위지."

노인은 눈을 지그시 감고 무언가 깊은 생각에 잠기시더니, 다시 무겁게 입을 열었다.

소요시간	1독		2독		3독	
	분	초	분	초	분	초

지문 기억 및 이해도 측정문제(마지막 줄타기)

1. 위 이야기의 배경은 어디인가?

2. 위 글에서 느껴지는 분위기는 어떠한가?
   ① 즐겁다
   ② 고요하다
   ③ 쓸쓸하다
   ④ 짜증스럽다

3. ㉠은 무엇을 빗댄 말인가?

4. ㉡을 다른 말로 바꾸어 써라.

5. ㉢을 바르게 나타낸 것은?
   ① 가난하다
   ② 쫓겨다닌다
   ③ 등산을 한다
   ④ 게으르다

6. ㉣은 어떤 나무인가?

7. 노인의 험난했던 지난날을 알 수 있는 말을 찾아 써라.

8. 위 글의 시간적 배경은?

9. 소년과 노인의 처지를 아름답게 묘사한 장면을 써라.

10. 노인과 소년이 미루나무 사이에 줄을 매려는 까닭은 무엇인가?
　　① 줄타기를 하려고
　　② 하룻밤 자고 가려고
　　③ 소년의 부모를 찾으려고
　　④ 노인의 살 곳을 마련하려고

11. '안성맞춤인 것 같구나'와 같은 뜻으로 쓰인 구절을 찾아 써라.

12. ㉤은 무슨 뜻인가?
　　① 아주 높이 솟아 있었다
　　② 바람에 흔들리고 있었다
　　③ 하늘이 깨끗했다
　　④ 구름이 하나도 없었다

13. 노인이 왜 ㉥처럼 말을 했을까?
　　① 줄타기가 싫어져서
　　② 줄타기 인기가 사라져서
　　③ 줄타기 재주가 별로 없어서
　　④ 자신의 죽음을 예견하고 있어서

14. 노인과 소년의 관계를 나타내는 글을 찾아 써라

15. 위 글의 '생애'란 무슨 뜻인가?

소요시간	1분당 읽은 글자수	이 해 도	1분당 독서능력
분 초			

대한 민국 정부 수립

● 8·15 광복과 대한 민국 정부 수립

　해마다 8월 15일이 되면, 영수는 광복절 노래를 따라 부르며, 그 의미를 되새겨 본다.
　일본은 35년간 우리 나라를 지배하면서 우리 민족의 뿌리를 파괴하려 했다. 1945년 8월 15일은 우리 민족이 이러한 일본의 지배에서 벗어난 날이다.
　광복은 우리 민족의 독립 투쟁과 연합국의 도움에 의해 이루어졌다. 특히 3·1운동, 대한 민국 임시 정부와 광복군 활동 등은 독립 국가 건설을 위한 우리 민족의 줄기찬 노력을 잘 보여 준다.
　광복을 맞은 우리 민족은 새로운 독립 국가 건설에 대한 희망에 가슴이 부풀었다. 그러나 이러한 기쁨도 잠시, 우리 나라의 남쪽에는 미군이, 북쪽에는 소련군이 들어왔다. 이로써 우리 나라는 38도선을 경계로 하여 남북으로 나누어지게 된 것이다.
　거기다가 미국, 영국, 소련 세 나라는, 독립 정부를 세우려는 우리의 열망과는 달리, 그들이 임시로 우리 나라를 다스리고자 하였다. 우리 민족은 이 결정에 모두 반대하였지만, 소련의 지시를 받은 공산주의자들이 태도를 바꾸어 찬성하고 나섰다.
　이와 같이 독립 정부를 만드는 일에 대한 우리 민족의 의견이 일치되지 않아 혼란이 일어나자, 미국과 소련이 나서서 이 문제를 해결하고자 하였다. 그러나 그 두 나라의 의견도 서로 달랐다.
　그러자 국제 연합은 우리에게 남북한 총선거를 실시하여 통일 국가를 만들자는 방안을 제시하였다. 남한과 미국은 이 방안에 찬성했으나, 북한과 소련은 반대하였다. 북한은 총선거 관리를 맡은 국제 연합 위원단을 들어오지도 못하게 하였다. 뿐만 아니라, 공산당 세력은 이미 그들끼리 따로 정부를 세우려는 준비를 서두르고 있었다.
　총선거에 대해 남한 내에서도 서로 다른 의견이 있었다. 한쪽은 북한이 반대하므로 남한만의 단독 정부를 세우자고 주장했고, 다른 쪽은 시간이 걸리더라도 북한과 협상을 해서 통일 정부를 세워야 한다고 주장하였다.

두 가지 주장은 모두 나라를 생각하는 마음을 앞세운 것이었으므로, 이러한 주장을 조정하여 광복 후 3년이 되는 1948년 5월 10일, 우리 나라는 선거가 가능한 남한 지역에서만 총선거를 실시하였다.

이 선거에서 선출된 국회의원으로 구성된 국회는, 헌법을 제정하여 그 해 7월 17일에 이를 공포하였다.

그리하여 1948년 8월 15일, 이승만을 초대 대통령으로 하는 대한 민국 정부가 수립되었고, 벌써부터 따로 정부를 세우고 싶어한 북한에서는 김일성이 지배하는 공산주의 독재 정권이 수립되었다.

그 해 12월, 국제 연합에서는 대한 민국 정부가 한반도에서 유일한 합법 정부임을 승인하였다.

1948년, 우리가 세운 대한 민국은 국민이 주인인 민주주의 국가이다. 과거에는 왕이 나라의 주인이었으므로, 대체로 왕이 마음대로 나라를 다스렸다. 그러나 대한 민국에서는 국민이 나라의 주인이므로, 정치가 국민의 뜻에 따라 이루어지게 되었다. 옛날에는 왕이 백성 위에 있었으나, 대한 민국에서는 모든 국민이 평등하고 자유로운 가운데 민주 정치가 이루어지게 된 것이다.

그러나 대한 민국이 출발하는 데는 어려움이 많았다. 일본이 남긴 나쁜 흔적을 씻어 내는 것도 중요한 과제였고, 북한 공산 집단의 침략을 방지하는 것도 매우 큰 일이었다. 북한은 소련의 도움을 받으며 전쟁준비만 하고 있었기 때문이었다. 우리 민족이 민주 정치를 새로 시작했기 때문에 민주 정치를 빨리 뿌리내리게 하는 일도 중요하였다.

대한 민국은 이러한 많은 문제를 하나하나 해결해 가면서 발전해 왔다. 고쳐야 할 일이 많았기 때문에 모든 문제를 한꺼번에 해결하기는 어려웠다. 그래서 국민과 정부는 우선 경제 건설이나 국방을 튼튼히 하는 일 등 급한 일에 힘쓰게 되었다.

소요시간	1독		2독		3독	
	분	초	분	초	분	초

지문 기억 및 이해도 측정문제(대한 민국 정부 수립)

1. 우리 나라가 일본 제국주의로부터 잃었던 주권을 다시 찾게 된 때는 언제인가?

2. 광복을 위하여 우리 국민들이 어떠한 노력을 하였는지 쓰시오.

3. 1945년 12월 미국, 영국, 소련의 세 외상이 모여 우리 나라의 신탁 통치를 결정한 회담은?

4. 신탁통치란 무엇인지 설명하시오.

5. 남, 북으로 나누어진 우리 민족의 반응은 어떠하였나?
   ① 처음에 모두 찬성하였으나 나중에 남쪽이 반대하였다
   ② 처음부터 공산주의자들은 찬성했고 남쪽이 반대하였다
   ③ 처음에 모두 찬성하였으나 공산주의자들이 태도를 바꿔 반대했다
   ④ 처음에 공산주의자들이 찬성했고 남쪽이 반대했다

6. 38도선을 경계로 우리 나라를 남북으로 나누어지게 한 회담은?

7. 5·10 총선거가 남한에서만 실시된 까닭을 두 개 고르시오.
   ① 북한이 남한도 공산주의 국가로 만들고자 하였다
   ② 북한이 남북 총선거를 반대했다
   ③ 남한이 남북 총선거를 반대했다
   ④ 국제 연합 임시위원단이 남한만의 총선거를 주장했다

8. 제헌국회에 대하여 아는 대로 쓰시오.

9. 5·10 총선거에서 선출된 국회의원으로 구성된 국회는 헌법을 제정하여 (   )에 이를 공포하고 이 날을 (   )이라 한다.

10. 헌법이란 무엇이며 필요성에 대하여 쓰시오.

11. 겉으로 평화를 외치던 북한 공산주의자들이 남한에 주둔하던 미군이 철수하자 탱크와 대포를 앞세우고 (   )에 (   )을 넘어 쳐들어 왔다.

12. 북한군의 많은 무기는 어느 나라에서 대 주었는가?

13. 6·25 전쟁의 결과이다. 일이 일어난 순서대로 배열하시오

① 인천 상륙 작전
② 국군의 압록강까지 진격
③ 서울 수복
④ 국제연합군 참전 결의
⑤ 북한의 서울 점령
⑥ 휴전 협정
⑦ 중공군 개입

14. 6·25 전쟁의 원인을 바르게 설명한 것은?
① 5·10 총선거에 대한 북한의 불만
② 모스크바 3상 회의에 의한 신탁통치 결정
③ 6월 7일 북한의 평화회담 제의 거절
④ 미군의 철수와 정치, 경제적 불안정

15. 6·25 전쟁의 결과 3가지만 고르시오.
① 경제 기반 약화
② 이산 가족의 아픔
③ 외국과의 관계 악화
④ 민주주의 발전의 후퇴
⑤ 국민의 지나친 자유

소요시간	1분당 읽은 글자수	이 해 도	1분당 독서능력
분　　초			

변화하는 대한 민국

● 4 · 19 혁명

　영수는 부모님과 함께 서울 수유동에 있는 4 · 19 국립 묘지를 참배했다. 아버지께서는 이 곳에 우리 나라의 민주주의를 지키려다 숨진 학생과 시민들이 잠들어 있다고 말씀하셨다.
　영수네 가족은 높다랗게 솟아 있는 기념탑 앞에서 묵념을 했다. 기념탑과 묘비 앞에는 먼저 다녀간 사람들이 피워 놓은 향과 국화꽃들이 보였다. 어머니께서는 기념관에 가서 4 · 19혁명이 어떻게 하여 일어났는지 알아보자고 하셨다.

① 4 · 19 혁명이 일어난 까닭
　국민들은 오랫동안 계속된 독재 정치를 반대하고 있었지만, 이승만 정권은 부정 선거를 해서라도 독재 정치를 계속하려고 하였다.

② 4 · 19 혁명의 전개 과정
　1960년 3월 15일, 마산 시민들이 부정 선거에 반대하는 시위를 하였다. 그 과정에서 많은 학생과 시민이 부상을 당하고, 한 학생이 사망하는 사건이 일어났다. 4월 19일, 많은 학생과 시민이 독재 정치에 맞서는 시위를 시작하였고, 이승만 대통령에게 물러나라고 요구하였다. 시위가 전국적으로 확산되는 가운데, 4월 18일, 고려대학교 학생들이 평화적인 시위를 하다가 폭력단의 습격을 받아 많은 학생이 다쳤다. 4월 25일, 대학교 교수들도 이승만 대통령에게 물러날 것을 요구하며 시위에 나섰고, 4월 27일, 이승만 대통령이 물러나게 되었다.
　4 · 19혁명을 통한 국민의 요구에 따라 이승만 대통령은 자리에서 물러났다. 부정선거를 반대하고 민주정치를 원하는 시민들의 시위를 무력으로 막으려고 한 잘못이 있었기 때문이었다.
　잘못된 정치를 바로 잡기 위해 일어선 학생과 시민들의 뜻이 이루어진 것이다.

우리 나라의 민주 정치는 4·19혁명을 겪으면서 다시 새롭게 시작되었다. 그러나 곧 5·16군사 정변을 일으킨 박정희 대통령은 헌법을 고쳐 가며 오랫동안 집권하였다. 그 사이에 정부는 경제 개발 계획을 추진하여 경제가 높은 수준으로 성장하였다. 그러자 국민들은 경제 발전에 맞는 민주 정치의 발전도 원하게 되었다.
　1979년, 박정희 대통령이 사망한 뒤에도 정치는 민주적으로 이루어지지 않았다. 그러나 민주주의에 대한 우리 국민들의 열망은 식을 줄 모르고 불타올랐고, 우리 나라 민주 정치의 발달 과정을 살펴보면, 국민을 억압하는 정치는 오래 가지 못하고 역사의 심판을 받았다. 그리고 국민이 옳고 그름을 잘 헤아려서 적극적으로 참여해야만 민주 정치가 잘 실천된다는 것도 알 수 있게 되었다.
　영수는 우리 나라 민주주의가 수많은 사람의 노력으로 이루어진 것임을 알게 되었다. "영수야, 오늘은 중요한 것을 배웠지? 우리가 이렇게 자유를 누리며 살 수 있게 된 것은, 다 피땀 흘려 노력한 사람들이 있었기 때문이야. 지금도 그러한 노력은 계속되고 있지."
　"그러면 아버지께서도 민주주의를 지키는 일에 참여하고 계세요?"
　"그래, 대단한 것은 아니지만, 작은 노력은 하고 있지."
　"뭔데요? 말씀해 주세요, 아버지."
　"내가 주말마다 나가는 모임이 있는데, 그 모임에서는 우리 시의 정책이 잘 운영되고 있는지를 알아보고, 제안도 한단다. 네 어머니께서도 학교 운영 위원회에 나가서 학교 발전을 위해 여러 가지로 애쓰시고 있잖니?"
　"그런 노력이 어떻게 민주주의와 관련됩니까?"
　"음, 시민들이 자기 주변에서 일어나는 일에 무관심하면 어떻게 되겠니? 이 사회가 잘못되어 가도 바로잡으려는 사람이 없게 되지 않겠니? 민주주의는, 모든 시민이 우리 사회의 일에 관심을 가지고 직접 참여하여 지켜 나갈 때에 이루어지는 거란다."
　영수는 아버지 말씀을 들으며, 민주 사회 발전을 위해 우리가 참여할 수 있는 일에는 어떤 것이 있는지 생각해 보았다.

소요시간	1독		2독		3독	
	분	초	분	초	분	초

지문 기억 및 이해도 측정문제(변화하는 대한민국)

1. 4·19 혁명의 직접적인 원인이 된 것은 (   )였다.

2. 4·19 혁명 이후 제 2공화국의 혼란한 사회 분위기 속에서 (   )이 일어났다.

3. 4·19 혁명의 의의는 (   ) (   ) 민주주의의 성장으로 요약할 수 있다.

4. 4·19 혁명 결과 부정한 방법으로 장기 집권하던 정부가 물러나고 (   )절차에 의해 새로운 정부가 들어섰다.

5. 박정희를 중심으로한 군부세력들을 5·16 혁명을 일으켜 정권을 장악하였다. 5·16혁명은 언제 일어났는가?

6. 다음을 일어난 차례대로 늘어놓으시오.

㉠ 4·19혁명	㉢ 장면 정부 등장
㉡ 박정희 집권	㉣ 5·16혁명

7. 다음 중 4·19 혁명의 원인을 바르게 설명한 것은?
   ① 당시 정권을 잡은 자유당이 부정을 저지르고 독재정치를 하였다
   ② 일부 군인들의 정치적 욕심 때문에 자유를 억압받았다
   ③ 학생들이 주도하였으며 전국민의 호응이 뒤따랐다
   ④ 3선 개헌과 10월 유신을 통해 영구 정권을 잡으려 하였다.

8. 다음은 무엇에 대한 설명인가?

> · 민주당 집권 9개월만에 박정희를 중심으로 한 군부가 이것을 일으켜 제 2공화국은 끝났다
> · 군부는 헌정을 중단시키고 국가 재건 최고회의를 구성시켜 군정을 실시하였다

9. 5·16 군사정변 이후에 정치를 맡은 사람들이 가장 강하게 추진한 일은 무엇인가?
    ① 자원보호
    ② 환경오염방지
    ③ 민주주의의 발전
    ④ 경제의 발전

★ 다음은 각각 무엇에 대한 설명인가?
10. 남에게 피해를 끼치지 않는 범위 내에서 자기 뜻대로 한다.

11. 능력을 최대한으로 발휘할 수 있는 기회를 공평하게 제공한다.

12. 다음에서 바른 설명은 어느 것인가?
    ① 5·16 군사정변은 학생들이 일으켰다
    ② 4·19 혁명은 민주주의를 되찾은 운동이다
    ③ 5·16 군사정변은 독재 정권을 물리쳤다
    ④ 4·19는 군인들이 일으켰다

13. 4·19 혁명의 의의에 대한 바른 설명이 아닌 것은?
① 독재정치 타도, 민주 질서를 수호하려는 시민운동이었다
② 학생들이 주도한 학생운동이었다
③ 군인의 정치적 관여에 시민이 항쟁한 운동이다
④ 역사 발전과 민주주의를 되찾으려한 움직임이었다

★ 오늘날 민주주의가 들어설 수 있는 밑거름이 되었다고 볼 수 있는 일을 찾고 거기에 깃들어 있는 정신을 보기에서 찾아 적어라.

<보기>
책임과 권리, 자유와 평등, 질서와 안정, 근면과 절약

14. 민주주의의 밑거름이 된 사건은?

15. (   )

소요시간	1분당 읽은 글자수	이 해 도	1분당 독서능력
분 초			

경제 개발 5개년 계획과 새마을 운동

우리 나라 경제는 6·25 전쟁으로 다시 일어설 수 없는 듯 했었다. 그러나 50여년이 지난 지금의 우리 경제는 매우 발전되었다. 그 과정은 할아버지, 할머니, 그리고 아버지, 어머니께서 살아오신 길을 살펴보면 쉽게 짐작할 수 있다.

우리나라의 경제는 지난 1960년대 이후 크게 발전하였다. 도시에는 수많은 공장이 들어섰고, 농촌 사람들도 그 공장으로 많이 몰려들었다. 우리는 어떤 물건이든 열심히 만들어 수출했고, 외국에 나가서도 돈을 벌어들였다. 그 돈으로 다시 공장을 건설하였고, 기계와 원료를 샀다. 공장이 늘어나면서 일자리도 더욱 늘어났고, 새로운 상품도 많이 생산되었다.

그러면 우리가 이와 같이 경제를 발전시킬 수 있었던 배경은 무엇이었을까? 부지런하게 일한 근로자와 기업가, 경제 개발 계획과 새마을 운동을 앞장서서 추진한 정부, 국민들의 높은 교육열 등이 모두 경제를 발전시키는 데에 큰 힘이 되었다.

한국인들은 일밖에 모른다고 할 정도로, 우리 근로자와 기업가들은 가난을 몰아 내고자 열심히 일했다.

'새벽종이 울렸네, 새 아침이 밝았네……' 근면, 자조, 협동 정신으로 국민과 정부가 함께 노력한 결과 나라의 모습은 새롭게 바뀌어 갔다.

우리 민족은 옛날부터 가르치고 배우는 일을 매우 중요하게 여겼다. 자원이 부족한 우리 나라에서 교육을 잘 받은 사람들은 나라 발전에 큰 공헌을 했다.

온 국민이 함께 노력한 결과, 1960년대에는 보릿고개를 넘기기가 매우 어려웠던 우리가, 1996년에는 1인당 국민 소득 1만 달러를 기록하였다.

많은 기업이 해외에 나가서 활발하게 활동하고 있고, 무역 규모도 커져서 우리 경제가 세계 전체의 경제에서 차지하는 비중은 매우 높아지고 있다. 뿐만 아니라, 우리 나라는 이러한 경제 성장을 토대로 1996년에는 '경제 협력 개발 기구 OECD(오이씨디)'에 29번 째 회원국으로 가입하였다.

이 기구는 경제 발전이 앞선 나라들이 서로 협력하기 위해 만든 기구로서, 민주 정치와 시장 경제를 잘 실시하고 인권을 존중하는 나라들만 가입할 수 있다. 우리 나라가 이 기구의 회원국이 된 것은 지난 40여년 동안의 발전을 통하여 이런 조건을 잘 갖추었기 때문이다.

그러나 그 동안 경제가 성장하면서 우리의 생활 태도가 경제 발전의 수준을 따라가지 못하고 환경이 오염되는 등 문제점도 나타나게 되었다. 그래서 우리는 생활 주변에서 우리 나라의 국민 소득 수준에 걸맞지 않은 사례들을 보고 걱정을 하는 경우가 많다.

그러면 어떤 점이 문제이고, 그 문제를 해결할 수 있는 방법은 어떤 것인지 예를 들어 생각해 보자.

생활이 넉넉해진 사람들 중 일부는 일하기를 싫어하고, 일을 하더라도 힘들고 위험한 일은 하지 않으려고 한다.

공장 폐수와 생활 하수가 늘어나 물이 오염되고, 자동차와 공장에서 내뿜는 연기 때문에 공기도 더러워지고 있다. 또, 쓰레기가 많아져 처리에 어려움을 겪고 있다.

물자가 풍부해지자, 자원을 아끼지 않고 낭비하며, 지나친 소비를 하는 사람들도 있고 돈이 많은 것을 이웃에게 과시하려고도 하였다.

소요시간	1독		2독		3독	
	분	초	분	초	분	초

지문 기억 및 이해도 측정문제
(경제 개발 5개년 계획과 새마을 운동)

1. 경제 개발 5개년 계획은 몇 년도부터 시작했는가?

2. 경제 발전 5개년 계획은 농업 중심이던 우리나라를 어떻게 바꾸어 놓았는가?

3. 1970년부터 농어촌의 근대화와 경제 생활의 발전을 위하여 근면, 자조, 협동을 근본 정신으로한 운동은 무엇인가?

4. 생산활동에 이용되는 여러 가지 기초 시설을 우리는 무엇이라고 부르나요?

★다음 ( )안에 알맞은 말을 넣으시오
  우리 나라는 1996년 (5   )에 가입하였다.
  이 기구는 선진국들이 (6   )을 통해 여러 나라의 경제개발을 지원하기 위해 만든 것이다.

7. 다음은 무엇과 관련된 설명인가?
   "생활이 넉넉해진 일부 사람들은 일하기 싫어하고 일을 하더라도 더럽고 어렵고 힘든 일은 하지 않으려고 한다."
   ① 경제 개발 5개년 계획
   ② 새마을 운동
   ③ 한국은 샴페인을 너무 일찍 터뜨렸다
   ④ 한강의 기적

8. 다음의 1960년대 경제 발전 모습을 보고 그 특징을 쓰시오.

| · 1962 : 울산공업단지 기공 · 1967 : 구로동 수출 산업공단 준공 |
| · 1964 : 울산정유공장 준공 · 1958 : 포항 종합 제철소 건설 시작 |

9. 1969년 경인 고속국도가 개통되고 이어서 1970년 경부, 호남 고속국도가 개통되었다. 고속도로와 경제발전과는 어떤 관계가 있는가?

10. 다음은 무엇에 대한 설명인가?

| ·힘든일은 하기 싫어한다 ·과소비 생활 |
| ·도시로 인구 유입 ·부정 부패 만연 |

11. 다음은 우리 나라의 경제를 설명한 글이다. 순서대로 써라.

㉠ 5개년 단위로 경제 개발 계획을 세움
㉡ 6·25 전쟁으로 산업 시설이 파괴됨
㉢ 경제 개발 협력기구 회원국이 됨
㉣ 남한에는 경공업 시설만 남게 됨

12. 석탄, 석유, 전력, 철강, 비료 등은 한 나라가 경제 성장을 하는데 있어 중심 역할을 한다. 이러한 산업을 무엇이라 하나?

★다음을 읽고 물음에 답하라

"우리는 근면, 자조, 협동의 정신을 바탕으로 범국가적으로 추진한 ㉠이 운동은 ㉡공업화 우선 정책하의 당시의 ㉢(   )을 잘 살게 하려는 목적에서 시작되었다."

13. 위의 글에서 설명하고 있는 ㉠의 '이 운동'은 무엇을 말하는가?

14. ㉡공업화 정책이란 구체적으로 무엇을 말하는가?

15. ㉢빈곳에 들어갈 알맞은 말은 무엇인가?

소요시간	1분당 읽은 글자수	이 해 도	1분당 독서능력
분 초			

서울 올림픽 대회

"서울, 코리아!"

1981년 9월 30일, 독일의 바덴바덴에서 열리고 있는 국제 올림픽 위원회의 회의결과를 기다리던 우리 국민들은, 텔레비젼과 라디오에서 들려 온 소리를 듣고 일제히 환호를 올렸다.

이 때부터 우리 국민들의 마음은 한 곳으로 모였다.

"올림픽 역사상 가장 많은 나라가 참가하는 대회를 치르자."

"올림픽 정신에 따라 온 세계의 평화로운 모임이 되게 하자."

"스포츠는 물론, 예술, 문화, 과학이 어우러지도록 하여, 우리 나라의 발전상을 세계에 보여 주자."

"온 국민이 마음을 모아 질서를 지키고, 봉사하는 자세, 친절한 태도를 보여 주자."

"우리와 비슷한 처지에 있는 개발 도상국들에게 '우리도 발전할 수 있다.'는 꿈과 희망을 주는 대회를 치르자."

드디어 1988년 가을이 왔다. 온 세계의 올림픽 대회 참가 선수단과 응원단, 관광객, 문화·예술인, 정치·경제 지도자, 방송·신문 기자단 등 수많은 사람들이 서울로 모여들었다.

"남북으로 분단된 나라인데도 평화롭군요."

"오늘날 한국은 6·25전쟁 때 와 본 한국과 너무나 다릅니다."

"매우 깨끗하고 질서 있는 나라이군요."

한국을 찾은 세계 여러 나라 사람들은 모두 놀라워하였다. 그들 중에는 말은 하지 않으면서도 더욱 놀라워하는 사람들이 있었다. 바로 동부 유럽을 중심으로 한 공산권 국가에서 온 사람들이었다. 그들은 우리 나라에 대한 북한의 선전만 듣고 있다가 실제로 와 보니, 그 동안 생각했던 것과는 전혀 다른 나라라는 사실을 알게 된 것이다. 그들 중에는 '우리도 대한민국과 교류하며, 잘 사는 나라가 되면 좋겠다고.'고 생각한 사람들도 많았다.

우리 국민들 스스로도 놀랐다. 온 나라가 깨끗해졌고, 모두들 질서를 잘 지켰다. 스스로 나서서 꽃길을 만들기도 하고, 올림픽 대회가 열리는 동안 봉사 활동을 하겠다고 자원하는 사람들이 줄을 이었다.

♣ 제24회 서울 올림픽 대회에 관한 자료를 찾아보고, 올림픽 대회의 성공적인 개최가 가져온 성과에 대하여 알아보자.

　올림픽 대회 운영의 성공은 단지 경기진행의 성공만은 아니었다. 올림픽 대회 때 쓸 여러 경기장이나 세계 각국 선수와 응원단들이 묵을 숙소 등 올림픽 대회에 관한 일을 준비하면서 관계 깊은 산업이 활기를 띠게 되자, 다른 산업도 더욱 발전하게 되었다. 눈부시게 발전한 우리의 기술을 배우기 위해서 근로자들을 보내 오는 나라들도 있었다.
　우리 나라의 발전상을 눈여겨본 세계 여러 곳의 공산권 국가까지 다투어 우리 나라와 교류를 시작하였다. 이에 따라, 무역액이 늘어나게 되었음은 물론, 우리 나라를 찾는 관광객 수도 해마다 늘어나게 되었다. 여러 기업들은 해외 지사를 늘려 나갔고, 세계 어느 곳에서나 우리 상품을 볼 수 있게 되었다.
　그렇게 되자, 세계 무대에서 우리 나라의 권리와 의무에 대한 요구가 높아졌다. 세계의 중요한 일을 결정하는 일에 우리 나라가 당당히 참여할 수 있게 된 것이다.
　국가간의 무역에 있어서도 그 동안 여러 가지 보호 혜택을 받아 왔으나, 이제는 선진국과 똑같은 입장에서 무역을 하게 되었다. 또, 우리 보다 어려운 나라들에게는 도움을 주게 되었다. 이제는 우리 나라가 더 이상 아시아의 작은 나라가 아닌 것이다.

소요시간	1독		2독		3독	
	분	초	분	초	분	초

지문 기억 및 이해도 측정문제(제24회 서울 올림픽 대회)

1. 다음 글이 의미하는 것은 무엇인가?

   ┌───┐
   │ ㉠ 남북한이 국제 연합 회원국으로 가입했다
   │ ㉡ 국제 연합이 우리 나라를 안전보장이사회 비상임 이사국으로
   │   선출하였다
   │ ㉢ OECD회원국이 되었다
   └───┘

2. 서울 올림픽이 올림픽 사상 '최대 최고의 대회'라는 평가를 받는데 보탬이 된 것이 아닌 것은?
   ① 161개국 선수 참여
   ② 컴퓨터를 이용한 완벽한 경기진행
   ③ 경제 성장 가속화
   ④ 선수촌 시설 관리

3. 다음 (　)에 들어갈 말은 무엇인가?
   · 올림픽 대회 때 쓸 여러 경기장이나 세계 각국 선수와 응원단 기자단 관계자들이 묵을 숙소 등 올림픽 대회에 관한 일을 준비하면서 (　　　)
   ① 문화 교류를 하게 되었다
   ② 관광객이 늘어났다
   ③ 해외 지사가 늘었다
   ④ 무역액이 늘었다
   ⑤ 관계 깊은 산업이 발전하게 되었다

4. 다음 중 세계 속의 한국의 역할 중에서 세계 시민으로서의 자세를 설명한 것은 어느 것인가?
   ① 선진화된 질서의식과 준법정신 갖추기
   ② 국제 분쟁 지역에 평화유지군 파견
   ③ 세계 무역 10대국이 됨
   ④ 1인당 국민소득 10,000달러
   ⑤ 국제 연합 안전보장이사회의 비상임 이사국이 됨

5. 우리나라가 경제협력 개발기구의 29번째 회원국이 되었다는 것은 무엇을 의미하는가?

6. 6·25의 폐허 속에서 전 세계가 놀랄 정도의 경제 기적을 '라인강의 기적'에 빗대어 무어라 하는가?

7. 다음 (   )에 알맞은 말은 무엇인가?
   우리나라를 비롯한 타이완, 싱가폴, 홍콩 등 아시아의 대표적인 네 신흥공업 국가를 가리켜 (   )이라고 부른다

★ 다음을 정부, 소비자, 기업이 할 일을 분류하라

㉠ 새로운 상품개발	㉤ 공정한 경쟁의 틀 제공
㉡ 과소비 억제	㉥ 합리적인 소비
㉢ 기술혁신	㉦ 경제활동에 대한 불필요한 규제나 간섭폐지
㉣ 원가절감	㉧ 저축

8. 기   업 (   )

9. 소비자 (   )

10. 정   부 (   )

11. 다음 중 성격이 다른 하나는 어느 것인가?
    ① 2002년 월드컵 유치
    ② 우루과이라운드
    ③ OECD 회원국
    ④ 안전보장이사회 비상임 이사국
    ⑤ 국제 연합 회원국 가입

12. 우리 나라의 1인당 국민 소득과 관광객 수는 서울 올림픽을 전후하여 어떻게 변화되었는가?

13. 1980년도와 1990년도의 수출액은 어떻게 달라졌는가?

14. 우리나라의 평균 수명은 아시아의 신흥공업국에 비하여 어떠한가?

15. 올림픽 대회를 준비하면서 관계 산업이 활기를 띠게 되자 이에 따라 다른 산업도 발전하게 되었다는 사실은 어떻게 알 수 있는가?

소요시간	1분당 읽은 글자수	이 해 도	1분당 독서능력
분 초			

콩밥짓기

맛있고 영양가가 높은 콩밥을 지어 보자.

○ 준비물
  쌀 3½C, 콩⅓C, 물4C, 솥 또는 냄비, 쌀 씻는 그릇, 밥그릇, 실습복

○ 실습순서

깨끗이 씻은 콩을 일어 건져서
미지근한 물에 4-5시간 담가서
불린다

쌀을 씻는다

쌀과 콩을 솥이나 냄비에 넣고,
쌀과 콩 부피의 1.2-1.5배의 물을
부은 다음, 30분쯤 담가서 불린다

불을 세게 하여 끓기 시작하면 중간 불로 쌀과 콩이 충분히 익을 때까지 끓인다

불을 약하게 하여 물기가 거의 잦아질 때까지 익힌 다음, 불을 끄고 충분히 뜸을 들인 후에 뚜껑을 연다

쌀과 콩을 잘 섞으면서 밥을 살살 퍼서 밥그릇에 퍼 담는다

소요시간	1독		2독		3독	
	분	초	분	초	분	초

지문 기억 및 이해도 측정문제(콩밥 짓기)

1. 콩밥짓기 준비물이 아닌 것은?
   ① 쌀
   ② 콩
   ③ 공기
   ④ 솥
   ⑤ 실습복

2. 콩은 어떤 물에 담그는 게 좋을까?
   ① 뜨거운 물
   ② 끓는 물
   ③ 미지근한 물
   ④ 찬물
   ⑤ 얼음물

3. 쌀과 콩을 냄비에 붓고 몇 배의 물을 넣는 것이 좋은가?
   ① 2배 – 3배
   ② 1.5배 – 2배
   ③ 1.2배 – 1.5배
   ④ 1배 – 1.2배
   ⑤ 0.5배 – 0.8배

4. 쌀과 콩이 충분히 익기 위해 적당한 불은?
   ① 센 불
   ② 중간 불
   ③ 약한 불
   ④ 불을 끈다

5. 뜸을 들이기 위해 적당한 불은?

6. 콩밥짓기 준비물에서 쌀 3½C에 필요한 콩의 양은?

7. 깨끗이 씻은 콩을 일어서 미지근한 물에 몇 시간 담가야 하는가?

8. 쌀과 콩의 부피의 몇 배의 물을 부어야 하는가?

9. 쌀 3½C에 물은 몇 C이 필요한가?

10. 쌀은 몇 분쯤 담그는 게 좋을까?

11. 콩밥 짓기의 준비물을 서술하시오.

12. 실습순서를 간단히 차례대로 서술하시오.

13. 쌀을 씻은 후 불에 얹기 전에 해야할 과정을 서술하시오.

14. 밥과 콩이 끓은 후 뜸들이는 과정을 서술하시오.

15. 밥과 콩을 불린 다음 불에 올려놓고 불세기 조절 과정을 서술하시오.

소요시간		1분당 읽은 글자수	이 해 도	1분당 독서능력
분	초			

십자매 기르기

　십자매는 튼튼하고 기르기 쉬우며, 새끼도 잘 치는 편이다. 한 새장에 여러 마리를 길러도 싸우지 않고 잘 지낸다.
　십자매 기르는 방법을 익혀서 직접 길러 보자.

(1) 십자매 기르기
　십자매를 고를 때에 가장 중요한 것은 건강한 십자매를 고르는 일이다. 건강한 새를 고를 때에 고려해야 할 점을 알아보자.

- 움직임이 민첩하고 활발한 것을 고른다.
- 항문 주위가 깨끗한 것을 고른다
- 체격이 큰 것을 고르되, 너무 뚱뚱한 것은 피한다.
- 어린 새를 택하여 기르기 시작하는 것이 좋다.
- 색깔이 선명하고, 깃털에 윤기가 있으며, 균형 잡힌 자세를 가진 것을 고른다.
- 털갈이 중인 새는 피한다.

(2) 모이주기
　새는 적은 양의 모이를 자주 먹어야 하기 때문에, 하루라도 먹이를 거르는 일이 없도록 신경을 써야 한다. 모이는 매일 보충해 주어야 하며, 변질된 모이를 주면 질병에 걸리기 쉽다.

♣ 십자매의 모이를 알맞게 주는 방법을 알아보자.
- 모이통에 모이가 떨어지지 않도록 매일 보충해 준다.
- 피 6 : 좁쌀 3 : 기장 1, 또는 피 8 : 좁쌀 2의 비율로 섞어 준다.
- 조개 껍데기를 가루로 만들어 그릇에 담아 주며, 알 낳을 때가 된 십자매는 좁쌀을 달걀 노른자에 개어 말려서 모이로 준다.
- 채소는 신선한 것을 골라 깨끗한 물로 씻은 다음, 물기를 말려서 채소꽂이에 꽂아 준다.

(3) 물 주기

  새는 모이뿐만 아니라 물도 주어야 한다. 특히, 십자매는 목욕하기를 좋아하므로, 목욕 물통에 물을 담아 준다. 목욕은 새의 건강을 증진시키는데 중요한 역할을 한다.

♣ 십자매에게 물주는 방법을 알아보자.
　·깨끗한 물을 물통에 담아, 새장의 옆면에 매어 단다.
　·물갈이는 하루 2회로 아침과 오후에 해 주며, 물의 양은 물그릇의 ⅔정도가 알맞다.
　·목욕 물통에 깨끗한 물을 담아 주고, 하루에 2회 갈아준다.
　·목욕 물통과 모이통은 될 수 있는 대로 서로 멀리 떨어진 위치에 두어서, 새가 목욕을 할 때에 물방울이 튀어 모이통에 들어가지 않도록 해야 한다.

소요시간	1독		2독		3독	
	분	초	분	초	분	초

지문 기억 및 이해도 측정문제(십자매 기르기)

1. 십자매 고르기 요령 중 틀린 것은?
   ① 움직임이 느리고 조용한 것을 고른다
   ② 항문주위가 깨끗한 것을 고른다
   ③ 체격이 크되 뚱뚱하지 않아야 한다
   ④ 색깔이 선명하고 윤기가 있어야 한다
   ⑤ 털갈이 중인 새는 피한다

2. 십자매 모이 주는 방법이 옳은 것은?
   ① 모이통에 모이가 떨어지지 않도록 보충한다
   ② 조개껍데기는 절대 주지 않는다
   ③ 알을 낳을 때 십자매는 기장에 흰자를 개어 말려 준다
   ④ 채소는 씻어 물기가 있는 채 준다
   ⑤ 좁쌀만 주고 피는 섞지 않는다

3. 십자매 모이에서 피, 좁쌀, 기장의 비율로 적당한 것은?
   ① 6 : 3 : 1
   ② 1 : 3 : 6
   ③ 3 : 6 : 1
   ④ 1 : 6 : 3
   ⑤ 3 : 1 : 6

4. 십자매 물줄 때 물그릇의 얼마정도가 좋은가?
   ① ⅔
   ② ⅓
   ③ ½
   ④ ¾
   ⑤ ¼

5. 물갈이는 하루 몇 회가 좋은가?
   ① 1회
   ② 2회
   ③ 3회
   ④ 4회
   ⑤ 5회

6. 새의 종류 중 튼튼하고 기르기 쉬우며 새끼를 잘 치고 한 새장안에서 여러 마리를 길러도 싸우지 않는 새는?

7. 십자매 모이로 적당한 곡류는?

8. 알을 낳을 때가 된 십자매의 모이로 적당한 것은?

9. 십자매 모이에서 피, 기장, 좁쌀의 적당한 비율은?

10. 물갈이는 하루 몇 회가 좋은가?

11. 건강한 새를 고르는 방법 3가지 이상 서술하시오.

12. 십자매 모이 주는 방법을 서술하시오.

13. 십자매 물 주는 방법을 서술하시오.

14. 새장을 두기 적당한 장소의 조건을 서술하시오.

15. 여름철 십자매를 기를 때 주의점을 서술하시오.

소요시간		1분당 읽은 글자수	이 해 도	1분당 독서능력
분	초			

쌀밥짓기

맛있는 쌀밥을 지어 보자.

○ 준비물
쌀 3½C, 물 4C, 솥 또는 냄비, 쌀 씻을 그릇, 주걱, 밥그릇, 실습복

○ 실습순서

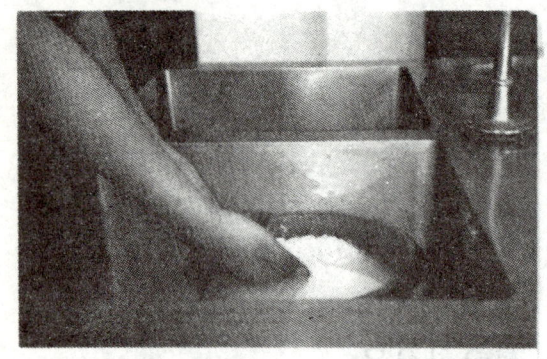

쌀을 씻는다

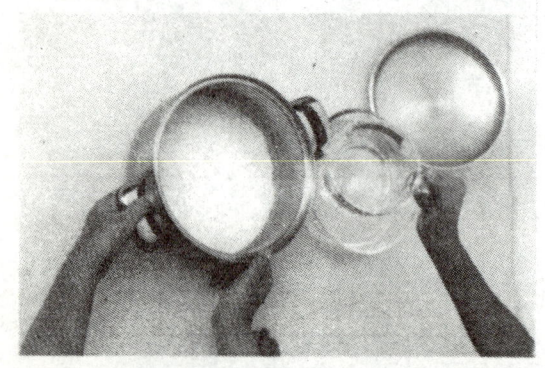

쌀을 솥이나 냄비에 넣고, 쌀 부피의 1.2 - 1.5배 정도의 물을 붓는다

쌀의 윗면을 평평하게 한 다음, 30분쯤 담가서 불린다

불을 세게 하여 끓기 시작하면
밥물이 넘지 않을 정도의 중간불로
쌀알이 충분히 익을 때까지 끓인다

불을 약하게 하여 물기가 거의
잦아질 때까지 익힌다

불을 끄고 충분히 뜸을 들인 다음,
뚜껑을 연다

주걱으로 밥을 살살 펴 가면서
밥그릇에 퍼 담는다

소요시간	1독		2독		3독	
	분	초	분	초	분	초

지문 기억 및 이해도 측정문제(쌀밥 짓기)

1. 밥짓기 준비물이 아닌 것은?
    ① 쌀
    ② 물
    ③ 채반
    ④ 주걱
    ⑤ 밥그릇

2. 쌀 부피의 몇 배의 물이 필요한가?
    ① 1.2 - 1.5배
    ② 1.5 - 1.8배
    ③ 1.8 - 2배
    ④ 2 - 2.2배
    ⑤ 2.2 - 2.5배

3. 쌀의 윗면을 평평하게 한 다음 몇 분간 불려야 하는가?
    ① 10분
    ② 30분
    ③ 45분
    ④ 1시간
    ⑤ 1시간 30분

4. 밥이 익을 때까지 불세기의 순서는?
    ① 센불 - 중간불 - 약한불
    ② 약한불 - 중간불 - 센불
    ③ 중간불 - 센불 - 약한불
    ④ 센불 - 약한불 - 중간불

5. 뜸들일 때 불의 세기는?
   ① 센 불
   ② 중간 불
   ③ 연한 불
   ④ 불을 끈다

6. 쌀 3½C에 적당한 물의 양은?

7. 쌀 부피의 몇 배의 물을 부어야 하는가?

8. 쌀을 몇 분쯤 담가서 불려야 하는가?

9. 불을 세게 하여 끓인 후 어떤 불에서 익혀야 하는가?

10. 뜸들일 때 불의 세기는?

11. 밥짓기의 준비물을 열거하라.

12. 밥짓기의 순서를 열거하라.

13. 밥을 불에 얹은 후 불의 세기는 어떻게 해야 하는지 순서를 열거하라.

14. 뜸들이는 방법을 서술하라.

15. 밥짓기에서 물 조정하는 방법을 서술하라.

소요시간		1분당 읽은 글자수	이 해 도	1분당 독서능력
분	초			

나의 삶, 나의 일

　머지않아 초등 학교를 졸업하게 될 6학년 학생으로서 장래의 일을 준비하는 것은 우리에게 매우 중요한 일이다.
　나는 어떤 일을 하는 사람이 되겠는가?
　자신의 미래에 대하여 설계를 해 보고, 자기 적성에 알맞은 일은 무엇인지 알아보자.

삶의 설계와 일의 선택

　인간은 우주에 비하면 모래알처럼 아주 작지만, 한편으로는 '나' 안에 우주를 담을 수 있을 정도로 커다란 존재이기도 하다. 그런데 우리가 살 수 있는 기회는 오직 한 번 뿐이며, 시간도 한정되어 있어 있다. 그러므로 우리들은 삶의 소중함을 깨닫고, 후회 없이 살아갈 수 있도록 미리 준비해야 한다.
　그렇게 하기 위해서는, 첫째, 나를 올바로 알고, 둘째, 삶의 목표를 세우며, 셋째, 자기의 적성과 능력에 맞는 일을 선택해야 한다.
　자기가 주인이 되어 자기 힘으로 모든 일을 결정하고 실천하려는 마음을 자주 정신이라고 한다. 이러한 자주 정신을 바탕으로 우리는 앞날을 설계하고, 자신의 적성과 소질에 알맞은 일을 선택해야 한다.
　우리 학급에도 글짓기나 웅변을 잘하는 아이들이 있는가 하면, 노래나 운동을 잘하는 아이들도 있다.
　이처럼, 사람마다 각자 소질과 적성에 차이가 있으며, 능력을 발휘할 수 있는 분야도 다르다.
　따라서, 자기의 적성과 소질을 제대로 안다면, 직업을 선택하는 데에 많은 도움이 될 것이다.
　우리는 스스로 자기의 적성을 발견하여 개발할 수 있도록 노력하고, 그에 맞는 일을 하면서 보람있게 살아갈 수 있도록 하자.

나의 장래 희망

유미네 반에서는 새 학년의 첫 시간에 한 사람씩 앞에 나와서 간단히 자기 소개를 하고 장래의 희망을 말하였다.

유미는 연습장에다 여러 친구들의 이름과 장래의 희망, 그리고 그러한 꿈을 가지게 된 이유를 차례대로 적어 나갔다. 어떤 아이들은 자기의 적성이나 능력 등은 생각하지 않고 엉뚱한 희망을 이야기해서 다른 아이들의 웃음을 자아내기도 하였다.

미경이는 간호사, 수진이는 연예인, 병욱이는 운동 선수, 민수는 과학자가 되겠다고 하였다.

유미는 아이들을 가르치는 선생님이 되겠다고 발표했다. 그 이유는 자신의 적성에도 맞고 보람도 얻을 수 있을 것이라 생각했기 때문이었다.

그러나 사실 마음속으로는 '텔레비전에 나오는 연예인이 되었으면…….' 하는 꿈도 가지고 있었다. 연예인이 되면 많은 사람들로부터 인기를 누릴 수 있고, 화려하게 살 수도 있을 것이라는 생각에서였다. 하지만, 노래 실력도 뛰어나지 못하고 수줍음도 잘 타는 등 적성에 맞지 않는 것 같아서 친구들 앞에서 공개하지 않았다.

소요시간	1독		2독		3독	
	분	초	분	초	분	초

지문 기억 및 이해도 측정문제(나의 삶, 나의 길.)

1. 다음 중 국기에 대한 설명 중 옳지 않은 것은?
   ① 태극기의 가로 세로 비율은 3 : 2 이다.
   ② 태극기의 중앙 태극원형은 빨강과 파랑으로 나뉘어져 있다.
   ③ 태극기의 네 검정 띠는 '건, 곤, 감, 이'라고 한다.
   ④ 깃봉과 깃대도 상하지 않도록 국기와 함께 보관한다.
   ⑤ 낡거나 찢어진 국기는 정중하게 보관한다.

2. 삶을 설계해야 하는 이유는?
   ① 시간이 한정되어 있기 때문에
   ② 내 뜻대로 고집 부린다.
   ③ 친한 친구에게 물어본다.
   ④ 자신의 적성과 능력에 대해 부모님과 상의한다.
   ⑤ 연예인이 되려고 노력한다.

4. 장래 직업은 누가 선택해야 하는가?
   ① 본인자신
   ② 부모님
   ③ 선생님
   ④ 친한 친구
   ⑤ 점술가

5. 직업을 선택할 때 고려해야 하는 요인이 아닌 것은?
   ① 적성
   ② 인기
   ③ 능력
   ④ 희망
   ⑤ 소질

6. 자기가 주인이 되어 자기 힘으로 모든 일을 결정하고 실천하려는 마음을 (   )정신이라고 한다.

7. 직업을 선택하는데 있어서 스스로 우리의 적성을 발견하여 (   )할 수 있도록 노력하고, 그에 맞는 일을 하면서 보람있게 살아갈 수 있도록 해야한다.

8. 자신의 적성과 소질을 살리기 위해서는 주위의 역경에도 굴하지 않는 자신감과 (   )를 가져야 한다.

9. 인간은 우주에 비하면 모래알처럼 아주 작지만, 한편으로는 (   )안에 우주를 담을 수 있을 정도로 커다란 존재이기도 하다.

10. 사람마다 각자 소질과 적성에 차이가 있으며, (   )을 발휘할 수 있는 분야도 다르다.

11. 삶이 소중함을 깨닫고 후회 없이 살아갈 수 있도록 하기 위해서 미리 준비해야 하는 일들이 아닌 것은?
    ① 부모님의 말만 충실히 따르면 된다
    ② 삶의 목표를 세운다
    ③ 나를 올바로 알아야 한다
    ④ 자신의 적성과 능력에 맞는 일을 선택하여야 한다

12. 장래에 하고 싶은 일을 위해 지금부터 준비한다면, 공부이외에 어떤 일에 노력을 기울여야 하는가?

13. 적성에 맞는 일을 하는 것이 왜 중요한가?

14. 꿈만으로는 장래를 선택할 수 없는 이유는?

15. 힘든 일을 하면서도, 흐뭇한 미소를 짓는 정비사 아저씨가 행복해 보인다면 그 이유가 무엇인지 생각해보자.

소요시간	1분당 읽은 글자수	이 해 도	1분당 독서능력
분 초			

법을 지키려는 마음

여러 사람이 공동으로 생활하는 사회에는 질서가 필요하다. 질서 있는 사회를 만드는 것이 바로 법과 규칙이다. 우리는 법과 규칙의 필요성을 알고, 이를 잘 지키도록 노력해야 한다.

우리가 법을 지켜야 하는 까닭은 무엇이며, 어떻게 행동하는 것이 법의 정신에 맞는 것인지 생각해 보자.

법의 필요성과 준법 정신

사람들이 사회를 이루어 함께 살아가다 보면, 서로 이해 관계가 대립되거나 갈등도 있게 마련이다. 사람들이 모두 자기의 이익만을 내세우고 권리만을 주장할 경우, 사회는 무질서와 혼란에 빠질 것이고, 강한 자만이 살아남게 될 것이다.

이 같은 무질서를 바로잡고 모든 사람이 평화롭게 살아가는 사회를 만들기 위해서는 누구든지 반드시 지켜야 하는 공평한 법과 규칙이 있어야 할 것이다. 이것은 마치 운동 경기에 규칙이 필요한 것과 마찬가지라고 하겠다.

우리가 살아가는 데 따라야 할 규범에는 법 이외에도 도덕이 있다. 도덕에 어긋나는 행동을 하면 사회적인 비난을 받게 되고, 법을 어길 경우에는 일정한 처벌이나 불이익을 받게 된다. 그러므로 법은 도덕성보다 더 강제성을 갖는 규범이라 할 수 있다.

그러나 법의 목적은 처벌하는 데 있는 것이 아니라, 사람들간의 대립과 갈등을 공정하게 해결하는 데 있다. 따라서, 법은 두려워하거나 멀리해야 할 것이 아니라, 사람들 간의 원만한 관계를 유지하기 위해 모두가 알고 지켜야 하는 것이다. 법이 있어야 모두가 보호받을 수 있고, 모든 사람의 이익이 공정하게 보장받을 수 있다.

공평한 법이 만들어지고 그것이 모든 사람에게 공정하게 적용됨으로써 질서를 이루는 사회나 국가를 법치사회 또는 법치국가라고 한다. 힘이나 돈에 의해서가 아니라, 법에 의해서 다스려지는 법치사회는 살기 좋은 사회의 기본 조건이라 할 수 있다.

그러나 좀 더 바람직한 것은, 문제가 법에 의해서 해결되기보다는 그에 앞서 도덕적으로 해결되는 도덕 공동체를 이룩하는 일이다.

소요시간	1독		2독		3독	
	분	초	분	초	분	초

지문 기억 및 이해도 측정문제(법을 지키려는 마음)

1. 법이 필요한 이유는?
   ① 강한 자만이 살아 남게 하기 위해서
   ② 자기의 이익만을 내세우기 위해서
   ③ 처벌하기 위해서
   ④ 사람들간의 원만한 관계를 유지하기 위해서
   ⑤ 사람들은 이기적이기 때문에

2. 법과 도덕의 올바른 비교는?
   ① 법은 도덕보다 관대하다.
   ② 법은 도덕보다 정확하다.
   ③ 법은 도덕보다 중요하다.
   ④ 법은 도덕보다 강제적이다.
   ⑤ 법은 도덕보다 옳다.

3. (   )이란 우리모두의 행복한 삶을 위한 약속이다.
   ① 적성
   ② 꿈
   ③ 법
   ④ 규칙
   ⑤ 처벌

4. 법을 잘 지키는 정신이란?
   ① 법치정신
   ② 준법정신
   ③ 민주정신
   ④ 군인정신
   ⑤ 박애정신

5. 법에 의하기보다도 도덕적으로 해결되는 사회는?
   ① 공산주의 사회
   ② 사회주의 사회
   ③ 민주주의 사회
   ④ 도덕 공동체
   ⑤ 민주 공동체

6. 질서 있는 사회를 만드는 것이 (   )과 규칙이다.

7. 우리가 살아가는데 따라야할 규범에는 법 이외에도 (   )이 있다.

8. 법을 어길 경우 일정한 (   )이나 불이익을 받게 된다.

9. 법에 의해서 다스려지는 사회는, (   )사회이다.

10. (   )은 공동생활의 기본조건이며 문화인의 척도이다.

11. 법의 여신이 헝겊으로 눈을 가린 이유는?

12. 공놀이 할 때 규칙을 정하지 않거나, 규칙을 자꾸 바꾸면 어떻게 될까?

13. 아무리 사소하고 작은 일이라도 지켜야할 규칙이라면 반드시 지켜야 하는 이유는?

14. '법 없이도 살 사람' 이란?

15. '도덕 공동체' 란?

소요시간	1분당 읽은 글자수	이 해 도	1분당 독서능력
분 초			

통일을 이루기 위한 노력

우리 민족이 이 땅에서 안전하고 행복하게 살아가기 위해서는 통일을 이루어야 한다. 우리가 분단 이후 통일을 위해 노력해 온 까닭도 바로 이 때문이다.

그 동안 우리는 통일을 위해서 어떻게 노력해 왔는지 알아보자.

통일의 필요성

우리 민족은 남북 분단으로 인하여 엄청난 시련과 고통을 겪고 있다.

1천만 명이 넘는 이산 가족들은, 지금 서로 생사조차 모른 채 살아가고 있다. 그리고 아직도 이 땅에서는 전쟁의 위협이 완전히 사라지지 않고 있다. 그 뿐만이 아니다. 남북은 같은 민족이면서도 나라 안팎에서 서로 대립함으로써 많은 힘을 낭비하고 있다.

우리가 그 동안에 이러한 힘을 낭비하지 않고 민족의 발전과 번영을 위하여 이용하였더라면, 우리는 지금보다 훨씬 더 발전하여 잘 사는 민족 공동체를 이룩하였을 것이다.

우리가 겪고 있는 이러한 시련과 고통은 모두 분단으로 인한 것이다. 따라서, 통일이 되지 않는 한 이러한 시련과 고통은 결코 해소되지 않을 것이다.

통일의 길은 멀고도 험하다. 그러나 통일의 길이 아무리 멀고 험하더라도, 우리 민족이 분단으로 인한 고통과 시련을 극복하고 이 땅에서 안전하고 행복하게 살아가기 위해서는 반드시 통일을 이루어야 한다.

분단 이후 오늘에 이르기까지 우리는 우리에게 알맞은 통일 방안을 마련하고 각종 선언과 회담 제의를 하는 등 꾸준히 노력해 왔다. 이와 같은 노력의 바탕에는, 통일은 우리 힘으로 평화적이고 민주적인 방법과 절차에 따라 이루어져야 한다는 원칙이 깔려 있다.

통일은 어느 한쪽의 노력만으로 이루어질 수 없다. 남북이 서로를 이해하고 협력할 때에 비로소 가능하게 된다. 우리는 온갖 고난과 시련의 역사 속에서도 민족의 자주성을 지켜 온 긍지, 그리고 단일 민족으로서 빛나는 문화적 전통을 계승하고 발전시켜 온 창의적인 능력을 바탕으로 분단의 시련을 극복해야 한다.

통일의 길

"삼촌은 왜 그렇게 천천히 올라오세요?"

앞서서 산에 오르던 슬기가 뒤를 돌아다보며 말하자, 삼촌은 말없이 웃기만 하셨다. 삼촌과 슬기는 가파른 산길을 한참 올라갔다. 조금 더 가다 보니, 슬기는 삼촌을 따라갈 수 없을 정도로 숨이 찼다. 그러나 삼촌의 걸음은 변함이 없었다.

"삼촌, 제발 좀 쉬었다 가요."

"그것 보아라. 서두른다고 해서 좋은 것만은 아니라는 것을 알겠지?"

삼촌께서 슬기를 기다려 주셨다.

한참 더 올라가서야 정상에 닿았다. 삼촌과 슬기는 짐을 내려놓고, 준비해간 음식을 꺼내 맛있게 먹었다.

"산에서 먹으니 집에서 먹는 것보다 훨씬 더 맛이 있는데요."

"그렇지. 그렇다고 너무 급하게 먹으면 안 된다."

점심을 먹은 뒤, 삼촌께서 슬기에게 등산에 필요한 상식과 요령을 일러 주셨다.

삼촌의 말을 들으면서 슬기는, 산을 오르는 방법과 통일의 길이 여러 가지 점에서 비슷하다는 생각을 하였다.

소요시간	1독		2독		3독	
	분	초	분	초	분	초

지문 기억 및 이해도 측정문제(통일을 위한 노력)

1. 통일의 필요성이 아닌 것은?
   ① 많은 이산가족들의 슬픔과 아픔 때문에
   ② 전쟁의 위협이 남아 있어서
   ③ 민족의 발전과 번영을 위해서
   ④ 오래 전부터 타 강대국이 원하기 때문에
   ⑤ 안전하고 행복하게 살기 위해서

2. 분단이후 오늘날까지 우리의 노력은 어떠했나?
   ① 우리의 주장만을 고집했다.
   ② 북한을 고립시켜서 통일을 유도했다.
   ③ 우리에게 알맞은 통일방안을 마련하고 각종회담을 제의했다.
   ④ 외교적인 노력만을 해왔다.
   ⑤ 무관심했다.

3. '통일의 길' 중 옳지 않은 것은?
   ① 빠르게 준비해야 한다.
   ② 꾸준히 노력해야 한다.
   ③ 충분히 노력해야 한다.
   ④ 국민간의 협동과 단결이 중요하다.
   ⑤ 좌절하지 말아야 한다.

4. 남북 연합 단체에서 만드는 헌법은?
   ① 국민헌법
   ② 연합헌법
   ③ 민주헌법
   ④ 통일헌법
   ⑤ 자주헌법

5. 통일국가 완성 단계는?
   ① 통일헌법 → 남북 자유총선거 → 통일국회 → 통일정부
   ② 남북 자유총선거 → 통일헌법 → 통일국회 → 통일정부
   ③ 통일헌법 → 통일국회 → 남북 자유총선거 → 통일정부
   ④ 남북 자유총선거 → 통일국회 → 통일헌법 → 통일정부
   ⑤ 통일국회 → 통일헌법 → 남북 자유총선거 → 통일정부

6. 통일은 우리 힘으로 (   )적이고 (   )적인 방법과 절차에 따라 이루어져야 한다.

7. 민주 공동체 통일 방법은 (   )을 줄여서 부르는 말이다.

8. 민족 공동체 통일방안의 세 가지 원칙은?

9. 민주의 원칙이란 민족구성원 모두의 (   )와 (   )가 존중되는 민주적 바탕 위에서 통일이 이루어져야 한다는 것이다.

10. 통일의 단계는 (   ), (   )의 단계, 남북 연합의 단계, 통일국가의 완성 단계의 3단계로 나뉘어져 있다.

11. 통일 국가의 완성단계란?

12. 평화의 원칙이란?

13. 자주의 원칙이란?

14. 민주의 원칙이란?

15. 남북 연합의 단계란?

소요시간	1분당 읽은 글자수	이 해 도	1분당 독서능력
분 초			

공정한 절차

여러 사람이 살아가다 보면, 함께 결정해야 할 문제가 생긴다. 이럴 때에 서로의 의견이 다르다면 어떻게 결정하는 것이 좋을까?

또, 결정된 결과가 나의 의견과 다를 때에는 어떻게 해야 할까?

무슨 일이든지 민주적으로 결정하려면 공정한 절차가 중요하다. 그 까닭을 생각해 보자.

어떻게 결정해야 할까

민주 사회에서는 모든 사람들의 자유와 권리가 존중된다. 그러한 정신을 실현시키려면 공적인 문제에 대하여 자유로운 대화와 토론을 거쳐서 결정해야 할 것이다.

우리가 살아가다 보면, 서로 생각이 다르고 뜻이 맞지 않은 경우가 많다. 그래서 어떤 일을 '다수결의 원칙'에 의하여 결정하게 된다.

그러나 '다수에 따른 결정'은 충분한 대화나 토론을 거치기에는 시간이 부족하거나 합의를 이끌어 내기 어려울 경우에 택하게 되는 최후의 방법이다. 왜냐 하면, 다수결의 원리는 다수의 의사를 내세워 정당한 소수의 의견을 무시할 우려가 있기 때문이다.

그러므로 사람들의 의견이 서로 다를 때에는 충분한 대화와 토론을 거친 후에 서로 양보하고 타협하여 결정을 이끌어 내는 것이 바람직하다.

대화에는 자유와 평등의 원칙이 요구된다. 말하는 자유가 보장되어야 하고, 모두에게 말할 수 있는 기회가 균등하게 주어져야 한다.

대화를 잘 하려면 마음의 문을 활짝 열고 상대방의 이야기를 귀기울여 듣는 태도가 필요하다. 또, 그 사람의 처지가 되어 생각해 보고, 자기의 의견과 맞지 않는 이야기라도 인내심을 가지고 들을 줄 알아야 한다. 이러한 점에서 진실한 대화는 성실성과 인내심을 필요로 한다고 말할 수 있다.

대화와 토론, 양보와 타협을 거쳐 서로 다른 의견을 충분히 반영시키고, 한번 결정된 일은 최대한 협조하는 것이 나와 공동체를 위하는 길이다. 결정된 일이 나의 의견과 맞지 않더라도 공정한 절차를 밟아서 결정된 일에는 반대하지 않고 적극 협조하여야 한다.

학급회의

　학급회의 시간에 의논할 안건을 내기로 했다.
　영수는 오늘의 안건을 '청소 문제'로 하자고 했고, 철호가 좋다고 재청하였다. 회장은 더 급한 다른 안건이 없느냐고 물었다. 이번에는 영희가 '친구 괴롭히지 않기' 문제를 제안하였다. 왜냐 하면, 요사이 친구나 하급생들을 귀찮게 하거나 때리는 어린이들이 부쩍 많아져서 청소 문제보다 그 문제가 더 시급하다고 생각했기 때문이다.

소요시간	1독		2독		3독	
	분	초	분	초	분	초

지문 기억 및 이해도 측정문제(공정한 절차)

1. 서로 생각이 다르고 뜻이 맞지 않는 경우 결정하는 원칙은?
   ① 소수결의 원칙
   ② 다수결의 원칙
   ③ 대중결의 원칙
   ④ 민중결의 원칙
   ⑤ 국민결의 원칙

2. 대화 시에 원칙은?
   ① 타협과 자유의 원칙
   ② 타협과 평등의 원칙
   ③ 자유와 평등의 원칙
   ④ 민주와 타협의 원칙
   ⑤ 독선과 오만의 원칙

3. 진실한 대화에 필요한 것은?
   ① 성실성과 인내심
   ② 독선과 인내심
   ③ 성실과 독선
   ④ 자유와 인내심
   ⑤ 평화와 인내심

4. 공정한 절차를 밟아서 결정된 일과 나의 의견이 맞지 않으면?
   ① 반대한다.
   ② 반대하되 협조는 안한다.
   ③ 적극 협조한다.
   ④ 무시한다.
   ⑤ 나의 의견이 받아들여질 때까지 고집 부린다.

5. '다수결의 원칙'을 적용할 때 조심해야 할 점은?
   ① 소수의 의견을 무시할 수 있다.
   ② 반민주적이다.
   ③ 의미가 원래 없다.
   ④ 항상 옳은 결과를 가져온다.
   ⑤ 다수의 판단은 항상 옳다.

6. 충분한 (   )와 (   )이 없는 다수결 원칙은 곧 의미가 없다.

7. (   )은 시간이 부족하거나 합의를 이끌어 나가기 어려운 경우 택하는 최후의 방법이다.

8. 진실한 대화는 (   )과 (   )을 필요로 한다.

9. 대화와 토론, (   )와 타협을 거쳐 서로 다른 의견을 충분히 반영시키는 것이 나와 공동체를 위하는 길이다.

10. 민주 사회에서는 모든 사람들의 (   )와 (   )가 존중된다.

11. 다수결의 원칙이란?

12. 다수결의 원칙이 최후의 방법인 이유는?

13. 대화를 잘하려면?

14. 관련된 사람들의 의견을 모아 결정할 때의 좋은 점은?

15. 나와 공정한 절차를 통해 결정된 의견이 다를 때는 어떻게 해야 하는가?

소요시간	1분당 읽은 글자수	이 해 도	1분당 독서능력
분 초			

지진 현상

(1) 지진 현상
① 지진 발생시 나타나는 현상
  ㉠ 땅이 흔들리며, 집이 무너진다.
  ㉡ 전기, 수도가 고장나고 화재가 난다.
  ㉢ 둑이 무너지고 물난리가 나며, 산사태도 난다.
  ㉣ 지표면이 갈라지고, 교통이 두절된다.
② 지진의 세기정도
  ㉠ 지진의 세기는 지표면이나 인간 또는 건물에 미치는 영향을 기준으로 구분한다.
  ㉡ ❶(   )로 구분하는데, 8등급으로 나눈다.

(2) 지진의 발생 원인
① 여러 가지 지층의 모양
 -수평한 지층, 휘어진 지층, 끊어져 있는 지층 등
② 지진이 발생하는 원인
  ㉠ 땅 속에서 작용하는 힘에 의하여 지하의 한 지층이 끊어질 때 진동이 사방으로 전달된다.
  ㉡ 이와 같이 생긴 진동(울림)이 지진이다.

(3) 지층의 휘어짐 모형 실험
① 모형 지층 휘어 보기

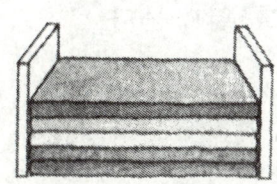 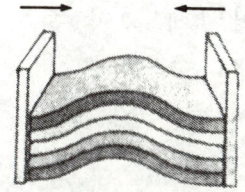

  ㉠ 모형지층을 양쪽에서 가운데 방향으로 밀면 가운데가 불룩하게 올라와 휘어진다.
  ㉡ 좀 더 세게 밀면, 더 많이 휘어진다.

② 모형 지층이 휘는 까닭은 양쪽에서 ❷(　　　)을 받기 때문이다.

(4) 지층의 끊어짐 모형 실험
 ① 스티로폼 구부려 보기
  ㉠ 양끝에서 가운데 방향으로 천천히 밀면, 가운데 부분이 불룩해 진다.
  ㉡ 지진이 일어나면 땅이 갈라지고 무너지며, ❸(　　　)이 어긋나서 지표면의 모양이 바뀐다.

(5) 지층의 어긋남 모형 실험
 ① 모형 실험하기
  ㉠ 지층 모형을 가운데 방향으로 밀면, 어긋난 면의 위쪽에 있는 지층이 올라간다.
  ㉡ 지층 모형을 양끝으로 잡아당기면, 어긋난 면의 위쪽에 있는 지층이 내려간다.
 ② 지층이 어긋난 모양을 이루는 까닭
  ㉠ 내부에서 강한 힘이 작용하였기 때문이다.
  ㉡ 지층이 끊어져 어긋나는 곳을 단층이라 하고, 어긋난 면을 ❹(　　　)이라고 한다.

(6) 지진의 피해를 줄이는 방법
 ① 지진이 발생하기 전에 해야 할 일
  ㉠ 지진 예보를 정확히 한다.
  ㉡ 건물을 튼튼히 짓는다.
  ㉢ 지진계를 계속해서 관측한다.
  ㉣ 지진이 발생했을 때 어떻게 해야 하는지를 알아둔다.
 ② 지진이 발생했을 때 해야 할 일
  ㉠ 수도관과 가스관을 잠근다.
  ㉡ 전기 휴즈를 내린다.
  ㉢ 건물이 없는 공터로 대피한다.

전류와 자기장

(1) 자석 주위에 철가루가 늘어선 모양
 ① 자석 주위에 철가루를 뿌려 본다.
 ② 철가루가 늘어선 모양
  ㉠ 철가루가 줄로 늘어서 있다.
  ㉡ 자석의 ❶(   )의 주위에 철가루가 많이 늘어서 있다.
  ㉢ 철가루가 늘어선 줄이 굽어서 자석의 두 극에 이어져 있다.
 ③ 두 자석을 놓는 방법에 따라 철가루가 늘어선 모양이 ❷(   )

(2) 자석 주위의 자기장
 ① 자석의 성질
  ㉠ 자석의 같은 극끼리는 미는 힘이 작용한다.
  ㉡ 자석의 다른 극끼리는 ❸(   )힘이 작용한다.
 ② 자석 주위에 나침반 놓기
   -바늘의 방향이 움직이는 것은 자석 주위에 생긴 자기장 때문이다.

(3) 전류가 흐르는 전선 주위의 자기장
 ① 전기 회로의 스위치를 닫았을 때 전구에 불이 켜지면, 그 회로에 전류가 흐르고 있음을 알 수 있다.
 ② 나침반에 전류가 흐르는 전선 놓기
  ㉠ 회로에 전류가 흐르면 나침반 바늘이 돌아간다
  ㉡ 회로에 전류가 흐르지 않으면, 나침반 바늘은 제자리로 돌아간다.
  ㉢ 전선을 나침반 위에 놓았을 때와 아래에 놓았을 때 바늘이 가리키는 방향이 반대이다.
 ③ 전선에 전류가 흐르면 전선 주위에 자기장이 생기기 때문에 나침반의 바늘이 돌아간다.

(4) 전류의 방향과 자기장의 방향
① 전지의 극을 바꾸면 전류의 방향도 바뀐다.
② 전류의 방향이 바뀌면 나침반 바늘의 N극이 움직이는 방향도 바뀐다.

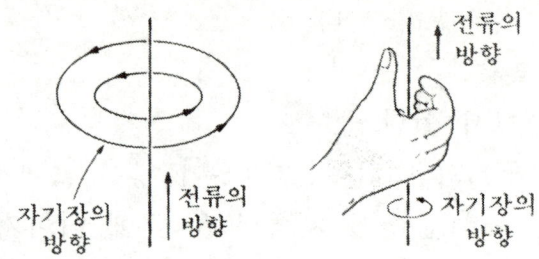

<전류와 자기장의 방향 알아보기>

(5) 전류의 세기와 자기장의 세기
① 전류가 세게 흐르면 나침반 바늘이 많이 돌아간다.
② 전류가 세게 흐르면 자기장의 세기도 ❹(   )

(6) 나침반에 감은 전선에 전류가 흐를 때 자기장의 세기
① 나침반에 감은 전선에 전류가 흐르면 주위에 자기장이 생긴다.
② 에나멜선을 많이 감을수록 자기장의 세기는 세어진다.

(7) 전류의 방향과 세기에 따라 전선을 감은 나침반 바늘의 움직임
① 전류가 흐르는 방향이 반대이면 나침반 바늘의 방향도
❺(   )가 된다.
② 전류의 방향이 바뀌면 자기장의 방향도 바뀐다.
③ 전류가 세게 흐르면 나침반 바늘이 많이 돌아가며, 이로 보아 전류가 세어짐을 알 수 있다.
④ 회로 검사기로 전기가 통하는지 아닌지 알 수 있다.

소요시간	1독		2독		3독	
	분	초	분	초	분	초

지문 기억 및 이해도 측정문제(지진운동, 전류와 자기장)

1. 나침반을 이용한 회로 검사기에서 나침반 대신 사용할 수 있는 것은?
   ① 전선
   ② 전구
   ③ 전지
   ④ 스위치
   ⑤ 에나멜선

2. 다음 중 전류가 잘 흐르는 물체는 어느 것인가?
   ① 못
   ② 색종이
   ③ 지우개
   ④ 플라스틱 자
   ⑤ 사인펜

3. 다음 중 나침반의 바늘이 가장 크게 움직이는 경우는 어느 것인가?
   ① 전지 1개를 연결했을 때
   ② 전지 2개를 직렬로 연결했을 때
   ③ 전지 2개를 병렬로 연결했을 때
   ④ 전지 3개를 직렬로 연결했을 때
   ⑤ 전지 3개를 병렬로 연결했을 때

4. 다음 중 자기장을 세게 하는 방법을 모두 골라라.
   ① 나침반 주위에 철가루를 뿌린다
   ② 나침반에 에나멜선을 많이 감는다
   ③ 전지를 병렬로 많이 연결한다
   ④ 전지를 직렬로 많이 연결한다
   ⑤ 에나멜선을 태워서 껍질을 벗긴다

※ 다음은 지층 모형을 가운데로 밀거나 잡아당겨 생긴 지층 모양이다. (5 - 7)

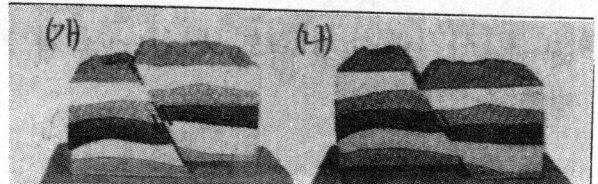

5. 위 실험은 무엇을 알아보기 위한 실험인가?

6. 지층 모형을 잡아당겨 생긴 것은 어떤 것인지 그 기호를 써라.

7. 지층 모형을 가운데 방향으로 밀어서 생긴 것은 어떤 것인지 그 기호를 써라.

8. 지층이 일정한 방향으로 오랫동안 힘을 받으면 어떻게 되는가?

9. 지진이 일어날 때 나타나는 현상들에는 어떤 것들이 있는가?

10. 지진의 피해를 줄이는 방법에 대해서 논하라

11. 자석의 성질에 대해서 기술하라.

12. 전류의 세기와 자기장의 세기는 어떠한 차이가 나타날까?

소요시간	1분당 읽은 글자수	이 해 도	1분당 독서능력
분 초			

산 소

(1) 산소
① 우리는 호흡하지 않으면 숨이 막혀서 결국에는 죽게 된다.
② 공기 중에 들어 있는 ❶(　　)는 우리가 호흡하는 데 꼭 필요한 기체이다.
③ 호흡으로 들이마신 산소는 생물이 활동하는 데에 필요한 에너지를 얻는 데 사용된다.
④ 산소가 쓰이는 곳
　㉠ 공장에서 높은 열을 얻는 데 이용된다. - 산수소 불꽃이나 산소 아세틸렌 불꽃은 공장에서 용접하는 데 이용.
　㉡ 물 속에서 활동하는 잠수부에게 산소 공급 장치가 쓰인다.
　㉢ 높은 산을 오르는 등산가도 산소 공급 장치가 필요하다.
　㉣ 달에서 활동하는 우주인에게도 산소 공급 장치가 꼭 필요하다.
　㉤ 병원의 중환자에게도 산소 공급 장치가 필요하다.
　㉥ 어항 속의 기포 발생 장치는 물고기에게 ❷(　　)공급을 하기 위한 것이다.
　㉦ 로켓이 높이 날아가는 데 필요한 추진력을 얻을 때에도 산소가 쓰인다.

(2) 산소의 발생과 성질
① 이산화망간에 묽은 과산화수소수를 넣으면 산소 기체가 발생한다.
② 산소 발생시키기
　㉠ 산소 발생 장치를 꾸민 후 깔때기에 묽은 ❸(　　)를 부은 다음, 핀치 클램프를 열어 과산화수소수를 조금씩 떨어뜨린다.

<산소 발생 장치>

　ⓛ 이 때, 발생하는 산소가 고무관을 통해 집기병에 모이는 모습을 관찰한다.
③ 집기병에 산소를 모을 때에 산소가 발생함에 따라 집기병 속의 물의 높이는 점차 ❹(　　　　　)
④ 산소의 색깔과 냄새
　㉠ 산소는 색깔이 없다.
　ⓛ 산소는 냄새가 없다.
⑤ 산소는 물에 거의 녹지 않는다.
⑥ 산소를 물 속에서 모으는 까닭
　㉠ 공기 중에서는 어느 정도 모아졌는지 알 수가 없다.
　ⓛ 물 속에서 산소를 모으면 눈으로 확인하기 쉽다.
　㉢ 물 속에서 산소를 모으면 순수한 산소 기체를 모을 수 있다.
⑦ 산소는 다른 물질이 ❺(　　　　)타게 도와주는 성질이 있다.
　㉠ 산소가 들어 있는 집기병에 깜부기불을 넣으면 불꽃을 내며 잘 탄다.
　ⓛ 그러나 산소 자신은 타지 않는다.

★ 실험 관찰
◆ 관찰 목표
공기 중에 산소가 있다는 것을 알고, 산소가 이용되는 경우를 말할 수 있다.

◆ 준비물
산소의 이용과 관련된 삽화, 괘도, 비디오 자료

◆ 관찰 방법
① 공기 중에는 산소가 들어 있다.
② 호흡으로 들이마신 산소는 생물이 활동하는 데에 필요한 ❶(   )를 얻는 데 사용된다.
③ 공장에서는 높은 온도를 얻는 데 산소를 이용한다.
④ 병원에서는 중환자에게 산소를 공급하는 데 이용한다.
⑤ 어항 속의 기포 발생 장치는 물고기에게 ❷(   )를 공급하기 위한 것이다.

◆ 이 관찰로 알 수 있는 점
잠수부나 높은 산을 오르는 등산가, 중환자, 어항 속의 물고기, 산소 용접을 할 때 등에 산소가 쓰인다.

★ 실험 관찰

◆ 관찰 목표
산소 발생 장치를 꾸밀 수 있고 발생하는 산소의 성질을 알 수 있다.

◆ 준비물
삼각 플라스크, 수조, 고무관, 깔때기 1개, 집기병, 묽은 과산화수소수, 이산화망간, 고무마개, 핀치 클램프 등

◆관찰방법
① 산소 발생 장치를 꾸민다.
② 깔때기에 과산화수소수를 넣고 핀치 클램프를 열어 이산화망산이 든 삼각 플라스크 안에 조금씩 떨어뜨린다.
③ 집기병에 산소를 모은다
④ 산소의 색깔과 냄새를 알아본다.
⑤ 산소가 든 집기병에 깜부기불, 불이 붙은 철솜과 숯불을 넣어 본다.

◆ 관찰결과
① 이산화망간에 묽은 과산화수소수를 넣으면 ❶(   )가 발생한다.
② 산소는 색깔과 냄새가 없다.
③ 산소를 모을 때에는 공기 중에서 모으지 않고 ❷(   )에서 모은다.
④ 산소가 들어 있는 병에 깜부기불을 넣으면 불꽃을 튀기며 잘 탄다.

◆ 이 관찰로 알 수 있는 점
① 산소는 색깔과 냄새가 없다.
② 다른 물질을 잘 타게 도와준다

소요시간	1독		2독		3독	
	분	초	분	초	분	초

지문 기억 및 이해도 측정문제(산소)

1. 공장에서 산소는 무엇을 하는 데 이용되는가?
   ① 호흡
   ② 응급치료
   ③ 난방
   ④ 진화작업
   ⑤ 금속재료의 용접

2. 산소가 병원에서는 주로 어떤 일에 이용되는가?
   ① 환자의 호흡
   ② 난방
   ③ 주사기의 소독
   ④ 세탁
   ⑤ 금속 재료의 용접

3. 잠수부는 등에 둥근 통을 지고 물 속으로 잠수한다. 둥근 통 속에는 무엇이 들어 있는가?

4. 다음은 우리 생활에서 산소가 이용되는 경우이다. 맞지 않은 것은?
   ① 불을 끌 때
   ② 로켓의 점화시
   ③ 숨을 쉴 때
   ④ 물의 정화
   ⑤ 어항 속에 산소를 넣을 때

5. 공기 중에 들어 있는 (   )는 우리가 호흡하는 데 꼭 필요한 기체이다.

6. 산소는 다른 물질을 (   )타게 도와주는 성질이 있다.

7. 어항 속의 기포 발생 장치는 물고기에게 (   )를 공급하기 위한 장치이다.

8. 이산화망간에 묽은 과산화수소수를 넣으면 어떤 기체가 발생하는가?

9 우리 주위에서 산소가 쓰이는 곳의 예를 4가지만 쓰시오

10. 산소의 색깔과 냄새는 어떠한가?

11. 산소의 특징은?

12. 산소를 물에서 모으는 까닭은?

소요시간	1분당 읽은 글자수	이 해 도	1분당 독서능력
분 초			

이산화탄소

(1) 이산화탄소와 우리 생활
 ① 우리가 호흡할 때 날숨(입김)으로 나오는 기체는 주로 이산화탄소이다.
 ② 식물이 광합성 작용을 하기 위해서는 ❶(   )가 필요하다.
 ③ 이산화탄소가 우리 생활에 이용되는 예
  ㉠ 청량 음료수를 만들 때에 쓰인다
  ㉡ 소화제를 만들 때에 쓰인다
  ㉢ 탄산나트륨의 원료가 된다
  ㉣ 냉각제(드라이 아이스)에 사용된다
  ㉤ 불을 끌 때에 사용되는 소화기에도 이산화탄소가 쓰인다
 ④ 공기 중에 이산화탄소의 양이 많아지면 온실 효과가 생겨 피해를 입는다.
 ⑤ 이산화탄소의 양을 줄일 수 있는 방법
  ㉠ 나무를 많이 심는다
  ㉡ 화석 연료의 사용을 줄인다
  ㉢ 대체 에너지를 개발한다

(2) 이산화탄소의 발생
 ・이산화탄소 발생시키기
  ㉠ 삼각 플라스크에 조개 껍데기나 석회석을 넣는다
  ㉡ 깔때기에 묽은 ❷(   )을 붓고, 핀치 클램프를 열어 이것을 삼각 플라스크에 조금씩 떨어뜨린다.

<이산화탄소 발생 장치>

ⓒ 발생한 이산화탄소는 고무관을 따라 수조 속의 집기병으로 들어간다.

(3) 이산화탄소의 성질
① 이산화탄소의 색깔과 냄새
 ㉠ 이산화탄소는 색깔이 ❸(　　　)
 ㉡ 이산화탄소는 냄새가 없다
② 이산화탄소는 밑으로 가라앉는 성질이 있다 - 이산화탄소는 공기보다 ❹(　　　) 밑으로 가라앉는다.
③ 이산화탄소는 물에 잘 녹지 않는다.
④ 이산화탄소는 스스로 타지 않는다.
⑤ 이산화탄소는 불을 ❺(　　　)하는 성질이 있다.
 ㉠ 이산화탄소가 든 집기병을 일렬로 놓은 촛불에 기울이면 가까이 있는 촛불부터 꺼진다.
 ㉡ 촛불의 높이를 달리하여 이산화탄소를 부으면 아래쪽부터 이산화탄소가 채워지므로 작은 촛불이 먼저 꺼진다.

(4) 이산화탄소와 석회수(수산화칼슘 수용액)와의 반응
① 수산화칼슘 수용액에 이산화탄소를 넣었을 때의 변화
  ㉠ 수산화칼슘 수용액이 뿌옇게 된다
  ㉡ 이산화탄소를 계속 더 넣으면 흐려졌던 수산화칼슘 수용액이 다시 맑아진다. - 탄산칼슘이 탄산수소칼슘이 되어 물에 녹기 때문
② 수산화칼슘 수용액에 탄산수를 함께 넣었을 때의 변화
  ㉠ 수산화칼슘 수용액이 ❻(   )흐려진다.
  ㉡ 뿌옇게 흐려지는 것은 탄산수에 녹아 있는 ❼(   )가 수산화칼슘 수용액과 반응했기 때문이다.
③ 이산화탄소는 수산화칼슘 수용액을 뿌옇게 흐리게 하는 성질이 있다.

연 소

(1) 연소
 ① 초가 타면서 나타나는 현상
  ㉠ 촛불이 바람에 흔들린다
  ㉡ 속불꽃은 ❶(   )색이고, 겉불꽃은 오렌지색이다
  ㉢ 불꽃과 불꽃 사이의 경계면이 보인다
  ㉣ 촛물이 흘러내린다
  ㉤ 촛불의 크기가 처음에는 작지만 시간이 좀 지나면 커졌다가 계속 일정하게 유지된다
 ② 연소의 뜻
  ㉠ 물체가 빛과 ❷(   )을 내면서 타는 현상을 연소라고 한다
  ㉡ 주변에서 볼 수 있는 연소의 예
   · 모닥불이 타는 것
   · 초가 타는 것
   · 가스 레인지 및 라이터의 불꽃

(2) 연소에 필요한 물질
 ① 같은 크기의 촛불 위에 크기가 다른 유리병을 덮었을 때
  ㉠ 작은 병으로 덮은 촛불이 먼저 꺼지게 된다
  ㉡ 그 까닭은 연소에 필요한 공기가 큰 병보다 작은 병에 적게 들어 있기 때문이다.
 ② 수조 안에 초를 세우고, 물을 조금 부은 뒤 비커로 씌우고 물의 높이 관찰하기
  ㉠ 물의 높이가 높아졌다
  ㉡ 그 까닭은 병 속의 산소가 초가 타는 데 쓰여 산소가 줄어들고, 그 만큼 물이 비커 속으로 들어갔기 때문이다.
 ③ 물질이 연소하려면
  ㉠ 공기가 필요하다
  ㉡ 특히 공기 중의 ❸(   )가 필요하다

(3) 초가 연소하여 생기는 물질
① 타고 있는 양초 위에 유리판을 대어 보면 유리판에 그을음이 생긴다.
② 비커를 촛불 위에 거꾸로 세우면 흰 연기와 같은 것이 비커 속에 서리게 되며 촛불이 점점 작아진다.
③ 비커 안에 초를 세운 후 수산화칼슘 수용액을 넣고 유리판으로 덮으면
   ㉠ 수산화칼슘 수용액이 뿌옇게 흐려진다.
   ㉡ 촛불이 타면서 이산화탄소를 발생시켰기 때문이다.
④ 초가 연소하면 ❹(   ), 물, 이산화탄소가 생긴다.

(4) 물질의 발화점
① 숯, 성냥개비의 머리 부분, 나무 부분이 있을 때 성냥개비의 머리 부분 -> 숯 -> 성냥개비의 나무 부분의 순서로 불이 붙는다.
② 물질의 발화점이 서로 ❺(   ) 때문에 불붙는 온도도 차이가 난다.
③ 불이 났을 때 발화점 이하의 온도로 낮추어 주면 불이 꺼지게 된다.

(5) 연소의 조건과 소화의 조건
① 화로에 숯불을 피울 때 부채질을 하면 더 잘 핀다.
② 유리병으로 촛불을 덮으면 촛불이 꺼진다.
③ 연소와 소화

연소의 조건	소화의 조건
· 탈 물질이 있어야 한다 · 공기(산소)를 공급해 준다 · 발화점 이상으로 가열한다	· 탈 물질을 제거해 준다 · 공기(산소)의 공급을 차단한다 · 온도를 ❻( ) 이하로 낮춘다

소요시간	1독		2독		3독	
	분	초	분	초	분	초

지문 기억 및 이해도 측정문제(이산화탄소, 연소)

※다음 물음에 알맞게 답하여라.
◎ 오른쪽과 같이 사이다병에 고무관을 끼우고 잘 흔든 후, 수산화칼슘 수용액이 담긴 비커에 고무관을 넣어보자(1-2)

1. 위의 실험에서 수산화칼슘 수용액은 어떻게 되는가?
   ① 검게 변한다
   ② 빨갛게 변한다
   ③ 뿌옇게 된다
   ④ 파랗게 변한다
   ⑤ 아무런 변화도 없다

2. 위의 1번 답으로 보아 사이다병에서 어떤 기체가 나왔다는 것을 알 수 있는가?

3. 수산화칼슘 수용액과 탄산수를 비커에 같이 넣으면 어떻게 되는가?
   ① 노랗게 변한다
   ② 파랗게 변한다
   ③ 검게 변한다
   ④ 뿌옇게 흐려진다
   ⑤ 아무런 변화도 없다

4. 식물이 광합성 작용을 하기 위해서 필요한 기체는?

5. 청량 음료수를 만들 때 쓰는 기체는?

6. 이산화탄소는 물에 잘 녹을까, 아니면 잘 녹지 않을까?

7. 이산화탄소의 색깔은?

8. 이산화탄소의 성질은?

9. 이산화탄소를 불을 끄는 데 사용하는 것은 어떤 성질 때문인가?

10. 이산화탄소와 석회수가 만나면 어떤 변화가 생기는가?

11. 온실효과란?

소요시간		1분당 읽은 글자수	이 해 도	1분당 독서능력
분	초			

에너지의 변환

(1) 마찰에 의한 에너지의 전환
 ① 두 손을 서로 비벼 본다 - 손이 따뜻해진다
 ② 종이 두 장을 비벼 본다 - 종이가 따뜻해진다
 ③ 손이나 종이를 마찰하면 ❶(   )이 난다.
 ④ 모래를 마찰하면 열이 난다.
 ⑤ 물체를 마찰할 때 에너지가 열에너지로 전환되기 때문이다.
 ⑥ 마찰 에너지의 열에너지로의 전환
  ㉠ 나무와 나무를 비벼서 불을 일으킨다
  ㉡ 라이터를 비벼서 불을 일으킨다
  ㉢ 시린 손을 비벼서 따뜻하게 한다

(2) 니크롬선과 전구에서의 전기 에너지의 전환
 ① 니크롬선에 놓인 초 도막의 변화
  ㉠ 스위치를 닫기 전 - 초 도막에 변화가 없다
  ㉡ 스위치를 닫은 후 - 초 도막이 녹는다
 ② 초 도막이 변하는 까닭은 니크롬선에서 ❷(   )이 나기 때문이다.
 ③ 니크롬선에서는 전기 에너지가 열에너지로 전환된다.
 ④ 전구에서는 ❸(   )에너지가 빛에너지로 전환된다.

(3) 전동기에서의 전기 에너지의 전환
 ① 전기 에너지는 전동기의 운동 에너지로 전환된다.
 ② 전동기가 바람개비를 돌려서 바람을 일으킬 때는 ❹(   )에너지가 바람 에너지로 전환된다.
 ③ 전기 에너지는 바람의 에너지나 높은 곳에 있는 물체의 에너지로 전환될 수 있다.
 ④ 전기 에너지는 다른 여러 가지 에너지로 전환될 수 있다.

(4) 빗면에서 바퀴의 에너지 전환
 ① 바퀴가 빗면을 내려올 때
  ㉠ 높이는 점점 낮아지고 속도는 점점 빨라진다.
  ㉡ 위치에 따른 에너지가 ❺(   )에 따른 에너지로 전환된다.
 ② 바퀴가 빗면을 올라갈 때
  ㉠ 높이는 점점 높아지고 속도는 점점 느려진다.
  ㉡ 위치에 따른 에너지는 증가하고, 운동에 따른 에너지는 감소한다.
  ㉢ 운동에 따른 에너지가 위치에 따른 에너지로 전환된다.

(5) 태양 에너지의 전환
 ① 태양의 에너지는 바다나 강의 물을 수증기로 만든다.
 ② 태양으로부터의 에너지는 수증기가 높은 곳으로 올라가 구름이 되게 한다.
 ③ 하늘에 있는 구름의 에너지는 ❻(   )의 에너지가 전환된 것이다.
 ④ 높은 곳에 있는 구름의 에너지가 높은 곳에 있는 물의 에너지로 전환되고, 물의 에너지는 물레방아나 발전기를 돌리는 에너지로 전환된다.
 ⑤ 발전기를 돌리는 이 에너지는 전기 에너지로 전환된다.

(6) 생물과 에너지의 전환
 ① 광합성
  - 녹색 식물이 뿌리에서 빨아올린 물과 숨구멍으로 흡수한 이산화탄소를 원료로 햇빛을 받아 녹말과 산소를 만드는 것이다.
 ② 식물이 녹말을 만들고 자라는 데 근원이 되는 에너지는 ❼(   ) 에너지이다.
 ③ 태양 에너지는 녹색 식물 -> 초식 동물 -> 육식 동물로 이동하게 된다.

여러가지 에너지

(1) 바람의 에너지
 ① 바람이 불 때 일어나는 현상
  ㉠ 나뭇가지가 흔들린다
  ㉡ 깃발이 움직인다
  ㉢ 물결이 출렁인다
 ② 바람과 바람개비
  ㉠ 바람이 불지 않으면 바람개비가 돌지 않는다
  ㉡ 바람이 ❶(　　)바람개비가 돈다.
 ③ 바람은 에너지를 갖고 있다.

(2) 흐르는 물의 에너지
 ① 흐르지 않는 물은 물레방아를 돌리지 못한다.
 ② 흐르는 물은 물레방아를 돌린다.
 ③ 흐르는 물이 물레방아를 돌릴 수 있는 것은 물이 ❷(　　)를 가지고 있기 때문이다.
 ④ 빨리 흐르는 물은 에너지를 더 많이 가지고 있다.

(3) 높은 곳에 있는 물의 에너지
 ① 물이 높은 곳에서 떨어지면 물레방아가 돌게 된다.
 ② 물을 더 높은 곳에서 떨어지게 했을 때에 물레방아가 더 ❸(　　) 돈다.
 ③ 물이 낮은 곳에서 떨어지면 물레방아가 느리게 돈다.
 ④ 높은 곳에 있는 물은 에너지를 지니고 있어 물레방아를 돌릴 수 있다.
 ⑤ 물이 높은 곳에 있을수록 에너지를 많이 지니고 있다.

(4) 늘어난 고무줄의 에너지
① 고무줄을 늘인 정도에 따라 물레방아가 도는 모습이 다르다.
② 고무줄을 많이 늘였을 때에는 물레방아가 ❹(   )돌며 도는 시간이 길다.
③ 고무줄을 적게 늘였을 때에는 물레방아가 느리게 돌며 도는 시간이 짧다.
④ 프로펠러에 고무줄을 ❺(   )감을수록 프로펠러가 도는 빠르기가 빨라지고 도는 시간이 길어진다.
⑤ 늘어난 고무줄과 고무줄을 사용한 모형 비행기에 담긴 고무줄은 에너지를 가지고 있다.

(5) 열에너지
① 온도란 물체의 뜨거운 정도를 측정하는 기준이다.
② 알코올 램프로 물을 가열하게 되면 바람개비가 돌아간다. 바람개비가 도는 것으로 보아 열은 에너지이다.
③ 플라스크 안의 물을 가열하면 물은 수증기로 되어 유리관을 통해 나온다.
④ 열을 많이 가하면 수증기가 많이 나와 바람개비가 더 ❻(   )돈다.

(6) 전기 에너지
① 건전지를 연결하여 전기 에너지를 만들어 보자. 스위치를 닫게 되면 전기가 흐르고 바람개비가 돈다.
② 전기는 바람개비를 돌릴 수 있으며 에너지를 가지고 있다.
③ 전지를 1개 연결했을 때 보다 전지를 2개 직렬로 연결했을 때 바람개비가 더 ❼(   )돈다.

소요시간	1독		2독		3독	
	분	초	분	초	분	초

지문 기억 및 이해도 측정문제(에너지의 변환)

※ 다음 물음에 알맞게 답하여라
1. 다음 중에서 바람의 힘으로 움직이는 것을 모두 골라라.
    ① 물레방아
    ② 풍차
    ③ 전동기
    ④ 돛단배
    ⑤ 로켓

2. 바람이 에너지를 가지고 있다는 예를 잘못 든 것은 어느 것인가?
    ① 바람이 불면 파도가 친다
    ② 바람이 불면 옷깃이 날린다
    ③ 바람이 불면 빨래가 날린다
    ④ 바람이 불면 날씨가 추워진다
    ⑤ 바람이 불면 바람개비가 돌아간다

3. 다음 중 바람개비가 가장 빨리 도는 때는 언제인가?
    ① 바람이 불지 않을 때
    ② 바람이 세게 불 때
    ③ 바람이 약하게 불 때
    ④ 바람이 간혹 불 때
    ⑤ 빠르기는 항상 같다

4. 물이 흐르는 홈통의 기울기가 각기 다를 때 물레방아를 가장 빨리 돌릴 수 있는 것은 어느 것인가?

5. 손이나 종이를 마찰하면 (   )이 난다.

6. 전구에서는 어떤 에너지가 빛에너지로 전환되는가?

7. 하늘에 있는 구름에너지는 어떤 에너지가 전환된 것인가?

8. 흐르는 물이 물레방아를 돌릴 수 있는 것은 물이 무엇을 가졌기 때문인가?

9. 에너지는 어떻게 하면 발생할 수 있겠는가?

10. 빗면에서 바퀴의 에너지 전환은 어떻게 이루어지나?

11. 높은 곳에 있는 물이 낮은 곳에 있는 물에 비해 물레방아를 빨리 돌릴 수 있는 이유는 무엇 때문인가?

소요시간	1분당 읽은 글자수	이 해 도	1분당 독서능력
분 초			

지문 기억 및 이해도 측정문제 답안

제 1 장 - 독서훈련

이상한 중매인 ☞ 9~10쪽
1③ 2③ 3④ 4① 5. 모두 지불하고 떠났다. 6. ② 7. 축하합니다! 축하합니다! 8. 하느님 9. 돈을 더 많이 벌고 싶어서 10. 음식

스님과 농부의 소내기 ☞ 15~16쪽
1② 2② 3④ 4③ 5③ 6. 농부 7. 날씨가 맑아서 비가 오지 않을 거라고 확신하고 있어서 8. 스님에게 주려고 했다. 9. 농부에게 돌려주었다. 10. 농부는 스님과 비가 올지 안 올 지에 대해 소를 걸고 내기를 하였다.

할미꽃 ☞ 22~23쪽
1③ 2④ 3① 4② 5① 6. 칼날 같은 바람이 불고 눈보라까지 휘날렸다. 7. 양지 바른 곳 8. 할미꽃 9. 봄 10. 여러 번

여우작전 ☞ 30~31쪽
1④ 2⑤ 3① 4② 5④ 6. 공주, 책벌레, 미스월드 7. 높이뛰기 8. 강서영 (여우) 9. 사춘기가 왔나 보다. 10. 양지훈, 아직 끝나지 않았다.

은혜갚은 까치 ☞ 37~38쪽
1④ 2① 3① 4④ 5⑤ 6. 젊은이가 죽인 구렁이의 아내 7. 자정 8. 세 번 9. 종이 어떻게 울렸는지 궁금해서 10. 생략

너를 보았어, 목욕탕에서 ☞ 45~46쪽
1② 2. 겸손하게 행동했다. 3⑤ 4② 5⑤ 6. 생각 7. 할아버지 8. 냄새가 나서 9. 소주와 오징어 한 마리 10. 향긋한 냄새

봉이 김선달 ☞ 54~55쪽
1② 2③ 3④ 4⑤ 5② 6. 황 7. 크게 혼내주고 김선달에게 쉰 냥을 주라고 했다. 8. 팔도강산 구경하며 놀러 다니는 것도 좋을 것이다. 9. 김 선달이 닭장수를 골려주고 나서 10. 평양 사람들을 얕보는 한양 사람들을 혼내주려고

마지막 수업 ☞ 62~63쪽
1③ 2②,③ 3⑤ 4. 독일군은 독일군에게 점령당한 알자스 지방에서 더 이상 프랑스 어를 가르치지 못하게 했다. 5④ 6. 아무도 신경쓰는 사람이 없었다. 7. 아멜 선생님 8. 파랗게 질렸다. 9. 부끄럽게 생각하며 후회하였다. 10. 프랑스 만세

크리스마스 선물 ☞ 70~71쪽
1② 2② 3④ 4④ 5② 6. 백금 시계 줄 7. 델라의 머리핀 세트 8. 시계 9. 제임스의 시계와 델라의 머리 10. 생략

마지막 잎새 ☞ 79~80쪽
1③ 2① 3① 4. 담쟁이덩굴 잎새 5⑤ 6. 겨우 몇 개가 달려있을 뿐이었다. 7. 자기가 바보 같은 생각을 했다고 뉘우치며 수에게 먹을 것을 청하였다. 8. 폐렴 9. 베르만 씨 10. 생략

거인과 꼬마 ☞ 88~89쪽
1⑤ 2③ 3. 아무도 이 집 정원에 들어오지 못함 4① 5. 금방 생기가 돌며 잎이 나고 꽃이 피었습니다. 6④ 7. 아니오. 8. 못 자국이 나 있었다. 9. 사랑의 상처 10. 평화롭게 눈을 감고 엷은 미소를 머금고 있었다.

공주의 입을 열게 한 청년
 ☞ 98~99쪽
1③ 2④ 3③ 4② 5. 세 개의 화분 6. 눈을 뜨고 있을 때 7③ 8. 할머니 9. 공주의 목을 베었다. 10. 생략

제 2 장 - 교과서 적용 훈련

<< 국어 >>

동시의 이해 ☞ 106~108쪽
1① 2② 3③ 4② 5⑤ 6. 파란 가을하늘, 낙엽 7. 2부분 8. 시 9. 참새 떼 10. 파란색 도화지 한 장 11. 가을에 낙엽이 떨어지는 모습 12. 아름다움의 세계를 찾아라. 새로운 표현을 찾아 시를 써보자. 13. 1~2행 : 친구들과 어울려 몰려다니는 모습 3~6행 : 가끔씩 혼자 앉아 상상의 세계를 펼쳐 보아라. 14. 동화적, 활동적 15. 상큼한 맛, 시원함, 깔끔함, 시큼함

말의 힘 ☞ 112~114쪽
1④ 2⑤ 3② 4③ 5④ 6. 아버지 7. 삼국유사 8. 말의 힘 9. 우리나라 사람들의 정신 10. 품위 11. 옷차림 12. 다른 사람들의 시선에는 아랑곳하지 않고 시끄럽게 웃고 떠들었다. 13. 말은 그 사람의 인격이나 그 나라의 문화 수준을 잘 나타내 주는 척도가 되기 때문이다. 14. 사람의 말이란 짐승마저도 움직일 만큼 큰 힘이 있다. 15. 말하는 사람의 생각을 담고 있다. 말에는 듣기 좋은 말과 듣기 싫은 말이 있다.

마지막 줄타기 ☞ 117~119쪽
1. 큰 미루나무가 서 있는 어떤 마을 2③ 3. 집집마다 밥 짓는 연기 4. 아주 5① 6. 큰 미루나무 7. 코끼리 살갗처럼 쪼글쪼글한 주름투성이 얼굴 구부정한 허리와 조붓한 어깨, 소나무 껍질처럼 거친 손 8. 저녁 어스름이 일 때 9. 하늘을 지붕 삼고 땅을 베게삼아 10① 11. 제격일 것 같구나 12① 13④ 14. 어차피 떠돌아다니는 외돌토리 신세인데 선생님을 만나 큰 위안이 되는 걸요. 15. 인생

<< 사회 >>

대한민국 정부 수립 ☞ 122~124쪽
1. 1945. 8. 15 2. 3.1운동 광주학생항일운동, 신민회활동, 광복군활동 3. 모스크바 3상회의 4. 스스로 나라를 다스릴 힘이 없는 나라를 신탁을 받은 나라가 일정기간 돌보아 주며 하는 정치 5③ 6. 얄타회담 7①,② 8. 1948년 5월 10일 총선거로 선출된 국회의원들에 의해서 우리나라 역사상 처음 만들어진 국회 9. 7월 17일, 제헌절 10. 나라를 다스리는 데 기본이 되는 법이며 국민들의 권리와 의무를 지키며 행복한 생활을 하기 위해서 필요하다. 11. 1950. 6. 25, 38도선. 12. 소련 13⑤→④→①→③→②→⑦→⑥ 14④ 15①,②,④

변화하는 대한민국 ☞ 127~129쪽
1. 3.15 부정선거 2. 5.16 군사혁명 3. 시민운동, 학생운동 4. 민주적인 5. 1960년 5월 16일 6. ㉠→㉢→㉣→㉡ 7① 8. 5.16 혁명 9④ 10. 자유 11. 평등 12② 13③ 14. 4.19혁명 15. 자유와 평등

경제개발 5개년 계획과 새마을운동 ☞ 132~133
1. 1962년 2. 공업 중심 사회 3. 새마을 운동 4. 사회 간접 자본 5. 경제협력개발기구 6. 경제협력 7③ 8. 공업을 중심으로 경제 발전에 힘썼다. 9. 교통이 발달해야 물자의 유통이 잘 된다. 10. 경제 발전에 따른 문제점 11㉣→㉡→㉠→㉢ 12. 기간산업 13. 새마을 운동 14. 경제개발 5개년 계획 15. 농촌

서울 올림픽 대회 ☞ 137~139쪽
1. 우리나라의 국제적 위상이 높아졌다. 2③ 3⑤ 4① 5. 경제 발전의 결과를 세계가 인정했다. 6. 한강의 기적 7. 아시아의 4마리의 용 8 ㉠,㉢,㉣ 9㉡,㉥,㉤ 10㉤,㉦ 11② 12. 빠른 속도로 늘어났다. 13. 3배 정도로 늘어났다. 14. 낮은 편이다. 15. 경기가 호황을 맞아 실업률이 떨어졌다.

<< 실과 >>

콩밥 짓기 ☞ 142~144쪽
1③ 2③ 3③ 4② 5. 불을 끈다.

6. 1/3C 7. 4~5시간 8. 1.2~1.5배 9. 물 4C 10. 30분 11. 쌀, 콩, 물, 냄비나 솥, 쌀 씻는 그릇, 밥그릇, 실습복 12 ①콩을 씻어 미지근한 물에 4~5시간 담가서 불린다. ② 쌀을 씻는다. ③쌀과 콩을 냄비에 넣고 1.2~1.5배 물을 붓고 30분간 담가 둔다. ④센 불로 끓인 다음 중간불로 낮춘다. ⑤불을 약하게 하여 물이 잦아질 때까지 두었다가 불을 끄고 뜸을 들인다. ⑥쌀과 콩을 잘 섞으면서 밥을 퍼서 밥그릇에 담는다. 13. 30분쯤 담가서 불린다. 14. 중간 불로 낮췄다가 불을 약하게 하여 물이 잦아질 때까지 두었다가 불을 끄고 뜸을 들인다. 15. 센 불→중간 불→약한 불→불을 끈다

십자매 기르기 ☞ 147~149쪽

1① 2① 3① 4① 5② 6. 십자매 7. 피, 좁쌀, 기장 8. 좁쌀을 달걀 노른자에 개어 말려서 준다. 9. 6:1:3 10. 2회 11.①움직임이 민첩하고 활발한 것 ②항문 주위가 깨끗한 것 ③체격은 크되 뚱뚱하지 않은 것 ④어린 새 ⑤색깔 선명, 깃털의 윤기 균형 잡힌 자세 ⑥털갈이 중인 새는 피한다. 12. 모이가 떨어지지 않게 매일 보충한다. 피,좁쌀, 기장의 비율을 6:3:1로 한다. 알 낳을 때는 좁쌀에 달걀노른자를 개어 말려서 준다. 채소는 신선한 것을 골라 깨끗이 씻어 물기를 말려서 준다. 13. 하루 2회 아침과 오후에 주며 양은 물그릇의 2/3정도 14. 햇볕이 잘 들고, 통풍이 잘 되며 주위가 조용한 곳 15. 새장에 바람이 잘 통하게 하고, 설사병이 나지 않게 주위를 청결하게 하고 물에 신경을 쓴다.

쌀밥 짓기 ☞ 152~154쪽

1③ 2① 3② 4① 5④ 6. 물 4C 7. 1.2~1.5배 8. 30분 9. 중간 불 10. 불을 끈다. 11. 쌀 3 1/2C. 물 4C. 솥 또는 냄비. 쌀 씻을 그릇. 주걱. 밥그릇. 실습복 12①쌀을 씻는다. ②쌀을 냄비에 넣고 1.2~1.5배의 물을 붓는다. ③30분쯤 담가서 불린다. ④센 불에서 끓인 후 중간 불에서 충분히 익힌다. ⑤약한 불에서 물이 거의 잦아질 정도로 끓인다. ⑥불을 끄고 뜸을 들인 후 뚜껑을 연다. 13. 처음에 센 불로 끓인다. 끓기 시작하면 중간 불에서 충분히 익힌다. 약한 불에서 물기가 거의 잦아들 때까지 끓인다. 불을 끄고 뜸을 들인다. 14. 불을 끄고 충분히 둔다. 15. 쌀의 윗면을 편평하게 한 다음 쌀 부피의 1.2~1.5배 되게 한다.

<< 도덕 >>

나의 삶, 나의 일 ☞ 157~159쪽

1⑤ 2① 4① 5② 6. 주인 7. 개발 8. 용기 9. 나 10. 능력 11① 12. 나의 적성과 소질을 파악하고 장래

에 하고 싶은 일을 잘 해나간 위인들의 삶을 알아보고 흥미와 관심으로 목표를 세운다. 13. 사람마다 적성의 차이가 있고, 능력을 발휘할 수 있는 분야도 틀리므로 삶은 짧기 때문에 즐겁게 일할 수 있어야 하므로 14. 사람마다의 적성과 소질이 다르고 능력이 틀리기 때문이다. 15. 자신의 적성에 맞고 자기가 하고 싶은 일을 하기 때문에

법을 지키려는 마음 ☞ 162~164쪽
1④ 2④ 3③ 4② 5④ 6. 법 7. 도덕 8. 처벌 9. 법치 10. 준법 11. 법 앞에서는 모든 사람들이 평등하므로 12. 무질서와 혼란에 빠질 것이다. 13. 아무리 작은 행동이라도 사회 전체에 무질서를 가져올 수 있기 때문이다. 14. 법의 강제성보다는 자율적으로(양심적으로) 살면서 자신의 본분을 다하는 사람 15. 문제가 법에 의해서 해결되기 보다는 도덕적으로 해결되는 사회 공동체

통일을 이루기 위한 노력
☞ 167~169쪽
1④ 2③ 3① 4④ 5① 6. 평화, 민주 7. 한민족 공동체 건설을 위한 3단계 통일방안 8. 자주, 민주, 평화 9. 자유, 권리 10. 화해 협력 11. 남북 연합에서 만든 통일 헌법에 따라 남북 자유 총선거를 실시하여 통일국회를 구성하고 통일정부를 수립한다. 12. 전쟁이나 상대방을 무너뜨리는 방법에 의해서가 아니라 평화적으로 통일을 이루어야 한다. 13. 우리 민족의 뜻에 따라 우리 민족의 힘으로 통일이 이루어져야 한다. 14. 민족 구성원 모두의 자유와 권리가 존중되는 민주적 바탕위에서 통일이 이루어져야 한다. 15. 서로에 대한 신뢰를 바탕으로 교류와 협력이 활발해지는 단계

공정한 절차 ☞ 172~174쪽
1② 2④ 3① 4③ 5① 6. 대화, 토론 7. 다수결의 원칙 8. 성실성, 인내심 9. 양보 10. 자유, 권리 11. 충분한 대화나 토론을 거치기에는 시간이 부족하거나 협의를 이루기 어려울 경우, 다수의 의견으로 결정하는 원칙 12. 정당한 소수의 의견이 무시될 수 있으므로 13. 마음의 문을 열고 상대방의 이야기에 귀 기울이는 태도를 갖는다. 14. 여러 가지 의견을 들을 수 있고, 단결할 수 있다. 15. 적극 협조한다.

《 과학 》

지진 현상 ☞ 175~176쪽
①진도 ②힘 ③지층 ④단층면

전류와 자기장 ☞ 177~178쪽
①두 극 ②다르다 ③당기는 ④세어진다. ⑤반대

지진 운동, 전류와 자기장 ☛ 179~181쪽
1② 2① 3④ 4②,④ 5. 지층의 어긋남 (단층) 6 ㈏ 7 ㈎ 8. 끊어져 어긋나게 된다. 9. 산사태가 난다. 집이 무너진다. 집의 벽에 금이 간다. 땅이 흔들리거나 갈라지게 된다. 10. 집 밖으로 나간다. 건물이 없는 공터로 대피한다. 11. 같은 극끼리는 미는 힘이 작용하고 다른 극끼리는 당기는 힘이 작용한다. 12. 전류가 세어지면, 자기장의 세기도 세어진다.

산소 ☛ 182쪽
①산소 ②산소 ③과산화수소수 ④낮아진다. ⑤ 잘
①에너지 ②산소
①산소 ② 물 속

산소 ☛ 186~187쪽
1⑤ 2① 3. 산소 4① 5. 산소 6. 잘 7. 산소 8. 산소 9. 공장에서 용접, 어항 속의 기포 발생, 물 속에서의 잠수부, 병원의 중환자 10. 색깔과 냄새가 없다. 11. 다른 물질을 잘 타게 한다. 12. 공기 중에서는 산소가 모이는 지 알 수 없으므로

이산화탄소 ☛ 188~190쪽
①이산화탄소 ②염산 ③없다 ④무거워 ⑤끄게 ⑥뿌옇게 ⑦이산화탄소

연소 ☛ 191~192쪽
①파란 ②열 ③산소 ④그을음 ⑤다르기 ⑥발화점

이산화탄소, 연소 ☛ 193~194쪽
1③ 2. 이산화탄소 3④ 4. 이산화탄소 5. 이산화탄소 6. 잘 녹지 않는다. 7. 없다. 8. 물에 잘 녹지 않고 밑으로 가라앉는다. 9. 불을 끄게 하는 성질 10. 뿌옇게 흐려진다. 11. 공기 중에 이산화탄소 양이 많아져서 지구의 평균 온도가 상승하는 현상

에너지의 변환 ☛ 195~196쪽
①열 ②열 ③전기 ④운동 ⑤운동 ⑥태양 ⑦태양

여러 가지 에너지 ☛ 197~198쪽
①불면 ②에너지 ③빨리 ④빠르게 ⑤많이 ⑥빨리 ⑦빨리

에너지의 변환 ☛ 199~200쪽
1②,④ 2④ 3② 4. 기울기가 급한 것 5. 열 6. 전기 에너지 7. 태양 에너지 8. 에너지 9. 물체에 어떤 변화를 주거나 움직이게 할 때 10. 빗면을 내려오면 위치에너지가 운동에너지로 전환. 빗면을 올라갈 때는 운동에너지가 위치에너지로 전환 11. 높은 곳에 있는 물이 낮은 곳에 있는 물보다 에너지를 더 많이 가지고 있다.